GOVERNAR O MUNDO SEM GOVERNO MUNDIAL

COLEÇÃO NOSSO HOMEM, NOSSO TEMPO

ROBERTO MANGABEIRA UNGER
GOVERNAR O MUNDO SEM GOVERNO MUNDIAL

Tradução de Paulo Geiger

Título original: *Governing the World without World Government*
Copyright © 2022, Roberto Mangabeira Unger
Tradução para a língua portuguesa © 2022, Casa dos Mundos / LeYa Brasil,
Paulo Geiger

Todos os direitos reservados e protegidos pela Lei 9.610, de 19.02.1998.
É proibida a reprodução total ou parcial sem a expressa anuência da editora.

Editora executiva   Izabel Aleixo
Produção editorial   Ana Bittencourt, Carolina Vaz e Rowena Esteves
Preparação   Clara Diament
Revisão   Eduardo Carneiro
Projeto gráfico e capa   Thiago Lacaz
Diagramação   Alfredo Rodrigues

Dados Internacionais de Catalogação na Publicação (CIP)
Angélica Ilacqua CRB-8/7057

Unger, Roberto Mangabeira
   Governar o mundo sem governo mundial / Roberto Mangabeira
Unger ; tradução de Paulo Geiger. -- São Paulo: LeYa Brasil, 2022.
64 p.

ISBN 978-65-5643-194-9
Título original: Governing the World without World Government

1. Ciências sociais 2. Política econômica 3. Política social I. Título
II. Geiger, Paulo III. Série

22-1546   CDD 300

Índices para catálogo sistemático:
1. Ciências sociais

LeYa Brasil é um selo editorial da empresa Casa dos Mundos.

Todos os direitos reservados à
CASA DOS MUNDOS PRODUÇÃO EDITORIAL E GAMES LTDA.
Rua Frei Caneca, 91 | Sala 11 – Consolação
01307-001 – São Paulo – SP
www.leyabrasil.com.br

SUMÁRIO

Definindo a tarefa: um caminho, e não um plano 7

O que não funciona 9

Fantasia e especulação 9
Confundindo governança global com globalismo 10
Malogro e êxito no sistema das Nações Unidas 12

Uma abordagem: coalizões dos que querem como autores de bens públicos globais 14

O que funciona: coalizões dos que querem 14
Origens suspeitas do termo e do plano da argumentação 16
Coalizões de propósito específico 17
Coalizões de Estados semelhantes 21
Coalizões regionais 24

Organizando coalizões de Estados 27

Tomadas de decisão em coalizões de Estados 27
Financiamento e equipagem de coalizões de Estados 28

Enfrentando o problema mais difícil: governar o uso das forças armadas pelas grandes potências 30

Um acordo amigável indispensável 30
Quem deve agir? 34

Um primeiro momento: envolver as grandes potências em
iniciativas destinadas a suprir bens públicos globais **37**
Um segundo momento: compreendendo os interesses vitais
de segurança das grandes e das menores potências **40**
Um terceiro momento: explorando os meios mais promissores para
conciliar os interesses de segurança das grandes potências acomodando-os
aos interesses de segurança das potências menores **41**
Um quarto momento: enfrentando os aspectos mais
problemáticos da rivalidade entre as grandes potências **42**
Um quinto momento: em direção a garantias recíprocas dos interesses
de segurança vitais das grandes e pequenas potências **44**

Relacionando coalizões de Estados com a ordem e o direito estabelecidos **46**

O significado das propostas para o futuro do
sistema das Nações Unidas **46**
Coalizões dos que querem e o desenvolvimento de
um direito internacional público comum **47**
Governança global sem um tomador de
decisões de última instância **49**
Grotius renovado **50**

O contexto metodológico, político e filosófico dessas propostas **52**

Pressupostos do argumento: qual é a maneira mais útil
de pensar sobre as relações entre Estados? **52**
Pressupostos do argumento: como as formas de
cooperação de Estado aqui propostas se relacionam
com a rivalidade entre grandes potências? **54**
Pressupostos do argumento: a cooperação entre Estados deveria
estar condicionada ao respeito a direitos humanos? **57**

DEFININDO A TAREFA: UM CAMINHO, E NÃO UM PLANO

Imaginar a feitura de ordem num mundo no qual Estados soberanos permanecem no comando é trabalho que requer menos e também mais do que genialidade. Nas fronteiras do pensamento, na ciência, na filosofia e na arte, valorizamos uma originalidade que desafie limites. Nessa missão, no entanto, tão importante para o futuro do gênero humano, o pensador tem de suprimir toda vaidade: o impulso de fazer propostas que o ponham à parte das preconcepções de sua época. Sua única preocupação tem de ser a de achar um caminho que faça o necessário ser possível. Suas propostas têm de se apoiar nas lutas e práticas do mundo tal como ele é e não como gostaria que fosse.

O primeiro passo tem de ser definir a tarefa e caracterizar os aspectos dos caminhos promissores para realizá-la. A tarefa é projetar disposições que possam reduzir bens públicos globais sem estabelecer um governo mundial. Bens públicos globais são benefícios para toda a humanidade que Estados soberanos são incapazes de assegurar por sua iniciativa independente, mas dos quais precisam e os quais desejam. Os benefícios que exigem nossa atenção mais imediata são os caminhos para evitar grandes males, tais como uma grande guerra e uma calamitosa mudança climática.

A lista de bens públicos globais está sempre aberta. E as fronteiras que separam aquilo que Estados podem fazer por sua própria iniciativa independente, o que podem alcançar colaborando com outros Estados e o que só

Governar o mundo sem governo mundial

podem conseguir mediante regras, instituições e práticas que incluem todo o mundo ou a maior parte dele nunca são claras ou incontestes.

Desta compreensão da tarefa segue-se que a resposta tem de consistir num conjunto de disposições úteis para servir a todo o âmbito de bens públicos globais: da disposição mais estreita e mais superficial à mais ampla e mais básica. Uma proposta digna de ser considerada não tem de ser amontoado de soluções distintas para problemas práticos amplamente desconectados; tem de ser projeto coerente e defensável capaz de lidar com o que é diferente, o que está em aberto, e o inesperado. Como consequência, uma de suas qualidades mais importantes é ser suscetível a correção e aprimoramento à luz da experiência. Há de representar caminho, e não planilha.

Outra implicação deste entendimento da tarefa é que a abordagem à governança global não tem de ser, ou ser vista como, parte do movimento para um governo mundial: para o estabelecimento de uma autoridade que fique acima dos Estados soberanos do mundo. Não basta respeitar a soberania do Estado quanto a questões domésticas. Nenhum governo nacional aceitará autonomia em matéria doméstica como uma compensação pelo confisco de soberania em questões internacionais.

As objeções a governo mundial são normativas e também práticas: a humanidade só desenvolve seus poderes desenvolvendo-os em direções diferentes. Cada forma de vida nacional, incorporada em práticas e instituições distintas, representa um experimento em como ser humano. Soberania do Estado blinda diferença nacional.

Os meios para assegurar a provisão de bens públicos globais num mundo de Estados soberanos têm de começar em reconhecimento dos limitados e falhos caminhos para prover esses bens agora. Ninguém que esteja familiarizado com assuntos internacionais vai negar que as disposições atuais para governança global são flagrantemente inadequadas. Não reconhecer, no entanto, as pistas que elas oferecem para caminho à frente é nos privarmos de uma fonte de orientação mais útil do que especulação sem base nas duras realidades do trato entre Estados.

O QUE NÃO FUNCIONA

FANTASIA E ESPECULAÇÃO

Se acreditamos sermos livres para escrever em tábula rasa, sem o fardo de restrição política e o guia da experiência histórica, podemos fabricar um sem-número de esquemas de governança global. Podemos até emprestar-lhes um aspecto de plausibilidade valendo-nos de analogias entre a construção de uma ordem mundial e a evolução de disposições constitucionais dentro de Estados-nação. Tudo o que esse exercício requer é o casamento de engenho técnico com auto engano político. Seguindo o modelo daqueles que se reuniram em Paris no século XVIII para escrever uma Constituição imaginária para a Polônia ou a Córsega, podemos fingir bancar Licurgo para o mundo. Se planos para a reordenação do mundo rascunhados sem levar em conta o poder real de Estados reais fossem capazes de ajudar a melhorar, de maneira consequente, a condição da humanidade, já o teriam feito.

Considere exemplo de plano como esse. Poderia ser oferecido ou como um modo de reformar o sistema das Nações Unidas ou como uma alternativa a esse sistema. Haveria um Conselho de Estados, um Conselho de Regiões, um Comitê Executivo e uma Corte Constitucional Internacional para desenvolver modelos e resolver conflitos. O voto no Conselho de Estados seria ponderado segundo fórmula que levasse em conta a população, o PIB e o PIB *per capita* (para fazer as vezes de outros critérios, inclusive o poderio militar).

Na composição do Conselho de Regiões, escolha e afinidade poderiam prevalecer sobre a geografia.

Nenhum Estado usufruirá, nesses conselhos, da prerrogativa do veto. Todas as questões importantes concernentes à provisão de bens públicos serão resolvidas por acordo entre os dois conselhos (como em legislativo bicameral). No início, as questões mais básicas quanto à ordem mundial serão deixadas à competência da Assembleia Geral das Nações Unidas e questões relativas ao uso das forças armadas, à jurisdição do Conselho de Segurança. Mas, à medida que o sistema evolui, os dois conselhos ganhariam gradualmente poderes hoje atribuídos a esses corpos da Organização das Nações Unidas (ONU), até que novas disposições ou tenham transformado o sistema da ONU ou o tenham substituído. Os conselhos gêmeos estabeleceriam, de tempos em tempos, organizações especiais para lidar com riscos internacionais específicos.

Trata-se de especulação ociosa: qualquer um seria capaz de projetar muitos outros planos, em outras diferentes linhas. Nenhum deles seria jamais implementado, porque nenhum provê os agentes que mais contam – os Estados do mundo – com meios de realizar objetivos que não podem alcançar agora, se realmente os quiserem alcançar, com o equipamento institucional que já possuem. Minha proposta vai demonstrar como um plano que preserva o que é mais atraente em meu exemplo pode resultar de iniciativas conjuntas de Estados que se recusam a comprometer sua soberania.

CONFUNDINDO GOVERNANÇA GLOBAL COM GLOBALISMO

Por globalismo, refiro-me à crença de que as nações e os Estados do mundo devem cada vez mais ceder seus poderes a uma ordem mundial e a autoridades supranacionais que alegam representá-la. A ideia nacional – a convicção de que nossos destinos coletivos continuam e devem continuar a ser definidos no espaço dos Estados separados do mundo – está em conflito com o globalismo na política e na cultura de muitos dos países mais proeminentes. Os proponentes de melhor governança global são frequentemente vistos como estando do lado do globalismo contra o nacionalismo. Fabulações constitucionais como a que acabei de delinear são lidas como gestos a favor de governo mundial.

Propostas de governança mundial só poderão obter e sustentar amplo apoio entre os governos e os povos do mundo se permanecerem incólumes ao globalismo, Não podem fazer com que a provisão de bens públicos globais dependa do enfraquecimento da soberania nacional. Têm de zelar pelo fortalecimento da capacidade dos povos em todo o mundo de dar forma tangível a visões contrastantes de nossa humanidade sob o escudo de Estados soberanos.

Aqueles que escrevem a respeito de governança global comumente caem sob a suspeita de simpatizar com o globalismo. E com frequência, justifica-se a suspeita. Um globalismo suave percorre a literatura sobre soluções internacionais a problemas de âmbito mundial, se por globalismo suave entendermos a crença de que senso comum e decência aconselham o enfraquecimento da soberania natural em favor do empoderamento de organizações internacionais e de elites cosmopolitas.

Globalistas suaves veem Estados soberanos com aversão e consideram o ímpeto nacionalista relíquia bárbara de estágio mais primitivo na evolução da humanidade. Não é a única, ou mesmo a mais importante, razão pela qual pouco da literatura sobre governança global se leva a sério, mas ajuda a focar outra razão para descartar grande parte dela: a frequência com a qual, em seu pensamento otimista, ela supõe que a soberania dos Estados esteja definhando.

Aqui, leitor, não verás benevolência com tais crenças. É improvável que a soberania de Estado permaneça para sempre como o principal meio de organizar poder na sociedade humana. Mas o globalismo que está em oferta para sucedê-la é preponderantemente o instrumento de forças políticas e intelectuais, dentro de cada nação, que voluntariamente se submetem à ditadura da falta de alternativas no mundo e pregam a humanização do inevitável. Não há razão mais forte para manter a soberania dos Estados do que precisarmos dela para derrubar a ditadura da falta de alternativas e substituir a humanização do inevitável pela transformação da realidade social. O objetivo deste pequeno livro é explorar como um mundo no qual Estados soberanos continuam a ser o poder que mais importa é, sim, capaz de governar a si mesmo.

MALOGRO E ÊXITO NO SISTEMA DAS NAÇÕES UNIDAS

As propostas aqui apresentadas para governança global têm uma relação indefinida, aberta com o sistema das Nações Unidas. Em sua maior parte, elas têm de começar a avançar para além das restrições e regras da ONU, embora se cruzem com a ONU em certos pontos que irei ressaltar. Essas propostas, se prosperarem, poderão tornar as Nações Unidas cada vez mais irrelevantes. Alternativamente, podem ajudar a insuflar-lhes vida, propiciando sua reconstrução. A escolha depende da capacidade das Nações Unidas de se reformar à luz do que acontece fora de seus muros.

Enquanto isso, podemos aprender com o que funcionou e com o que não funcionou na evolução das Nações Unidas. O que não funcionou são os princípios incorporados em seus dois corpos centrais: a Assembleia Geral e o Conselho de Segurança. A pretensão westfaliana de tratar como iguais grandes potências e minúsculos pseudoestados reduz a Assembleia Geral à condição de clube de debates, com poderes residuais. O Conselho de Segurança é limitado por princípio que assegura, na condição de membro permanente, a prerrogativa do veto a cinco vitoriosos de uma guerra já antiga. Todas as tentativas de mudar sua estrutura e sua composição fracassaram. Quando os Estados Unidos e seus aliados não conseguem obter do Conselho de Segurança o atendimento que estão buscando a seus interesses em segurança, eles organizam operações militares sem a bênção do Conselho. Na ausência de uma concordância real das grandes potências, o Conselho fica impotente e é posto de lado.

O que funcionou melhor no sistema das Nações Unidas é o uso dela como guarda-chuva sob o qual países se juntam para lidar com grandes riscos globais. O exemplo mais importante é o âmbito da Conferência das Partes (COP), sob a qual pelo menos tem havido progresso nas discussões sobre a mudança climática (o Acordo de Paris, de 2016, e os Acordos de Glasgow, de

2021). O sistema da ONU forneceu um contexto receptivo a iniciativas que os muitos países interessados poderiam adotar de qualquer maneira, sem depender da autoridade daquele sistema. Temos aqui indício daquilo que pode e deve ser feito.

UMA ABORDAGEM: COALIZÕES DOS QUE QUEREM COMO AUTORES DE BENS PÚBLICOS GLOBAIS

O QUE FUNCIONA: COALIZÕES DOS QUE QUEREM

Existe um sem-número de planos engenhosos e radicais que podemos conceber para governança global; a facilidade com que podem ser formulados e multiplicados é o sinal revelador de seu caráter fantasioso. Quando, no entanto, submetemo-nos à disciplina da realidade, a situação se inverte: em vez de uma infindável pletora de opções, encontramos apenas um caminho justificado pela experiência. Ele pode – e deveria – assumir muitas formas, exceto aquelas que já encontramos. Sua conversão num instrumento mestre para a feitura de bens públicos globais requer uma sucessão de inovações institucionais e jurídicas que podem parecer radicais. Mas seus começos – os passos iniciais para seguir na direção que ele sinaliza – são tão próximos a aspectos da prática internacional contemporânea que dificilmente podem sequer parecer inovações. Tanto melhor: para pensar programaticamente temos sempre de combinar marcar rumo e identificar primeiros passos para trilhá-lo.

A esta prática, que tem de servir como ponto de partida, dou o rótulo totalmente convencional e autoexplicativo de *coalizões dos que querem*. Por coalizão dos que querem refiro-me à iniciativa e inovação conjunta de grupo de Estados. Os Estados associados agem para servir a seus interesses materiais e morais, resolvendo problemas que não são capazes de resolver adequadamente mediante ação nacional independente. Essas soluções consistem na realização de bens públicos globais. Os Estados atuam para promover os próprios interesses, segundo o que entendem como sendo seus interesses, e não movidos por esforço desinteressado de promover o resgate da humanidade. Às vezes sua intenção pode ser a de que os bens criados por essa ação conjunta sejam o que economistas chamam de *club goods*, "bens de clube", e não *public goods*, "bens públicos". Diferentemente de bens públicos, os bens de clube são "excluíveis", por serem inacessíveis a Estados que não participam na colaboração. Diferentemente de bens privados, eles não são "rivais", porque seu uso por um membro da coalizão ou do clube não diminui o valor do bem para os outros membros.

Duas forças atuam, no entanto, para diminuir o significado, na vida internacional, dessa distinção entre bens de clube e bens públicos. A primeira força é que frequentemente pode ser impossível restringir o benefício do clube e negá-lo a Estados que a coalizão pode considerar como sendo caronas. Muitas iniciativas tomadas para mitigar a mudança climática são exemplos dessa circunstância. A segunda força é que regularmente será do interesse dos parceiros na coalizão torná-la o mais inclusiva possível, atraindo outros Estados a se juntar a ela. Quando menor a brecha entre a participação na coalizão e o sistema de Estados como um todo, maior, em muitas ou na maioria das circunstâncias, a probabilidade de que os Estados que a iniciaram consigam garantir os benefícios que os motivaram a atuar.

Esta segunda força é crucial para a compreensão de como coalizões dos que querem funcionam e de como e por que elas se podem desenvolver. Quando a coalizão é pequena em número de membros (mesmo se constituída por Estados grandes e poderosos), a ação prática da coalizão pode ser limitada a iniciativas paralelas dos Estados-membros. Pode haver pouco reforço recíproco além do reforço do exemplo e do compartilhamento de conhecimento adquirido por experimento e experiência. Contudo, quanto mais ampla a participação na coalizão – quanto mais ela absorver do sistema de Estados como um todo, especialmente de Estados em diferentes partes do mundo (para evitar os confinamentos de uma organização regional), maior a capacidade da coalizão de oferecer incentivos para que outros Estados se juntem a ela e aceitem sua agenda e suas regras, e desestímulos para as violar. O círculo virtuoso de ampliar a participação, atraindo novos membros (como causa e consequência dessa ampliação), e avançando por etapas, de entendimentos compartilhados somente aplicáveis – se de todo aplicáveis – no direito doméstico para regras transnacionais, aplicáveis contra Estados bem como dentro deles, é a dinâmica generativa central de coalizões dos que querem.

Se entendimentos compartilhados, desacompanhados de compromissos acordados, constituem um polo desse espectro, compromissos compartilhados, incorporados em regras que podem ser aplicadas contra Estados soberanos, são o outro polo. A maior parte da vida de uma coalizão dos que querem desenvolver-se na ampla e indistinta área limitada por esses dois polos do espectro: direito e prática transnacionais em construção. Uma iniciativa de uma coalizão dos que querem começa numa afinidade prática e termina, quando bem-sucedida, num fragmento de uma nova ordem global e num passo em direção ao novo direito global. O modo como ocorre tal avanço depende do tipo particular de coalizão que querem que está em questão, como argumentarei em seguida.

ORIGENS SUSPEITAS DO TERMO E DO PLANO DA ARGUMENTAÇÃO

O termo coalizões dos que querem dificilmente poderia ter origens mais suspeitas. Ele foi cunhado para descrever o que os Estados Unidos e seus aliados fazem para travar uma guerra quando o impasse no Conselho de Segurança os impede de travá-la sob a égide das Nações Unidas. O sistema de segurança oficial do mundo serviu como balão que se enchia de ar (quando os aliados do Atlântico Norte conseguiam o que queriam na ONU) e se esvaziava (quando não). Essas coalizões dos que querem se organizam depois do esvaziamento do balão. E o uso mais preocupante de coalizões dos que querem envolve a questão menos suscetível a qualquer regramento normativo – o uso da força armada por grandes potências para defender o que elas consideram ser de seus interesses de segurança vitais. E é acionada em desafio ao único regime supranacional mantenedor de paz e segurança que possuímos. Os problemas que isso implica são as definitivas e mais recalcitrantes questões com as quais uma proposta de governança global tem de lidar.

Procedo conforme os seguintes passos: distingo três variantes principais de coalizões dos que querem; abordo o uso desse princípio em sua aplicação no terreno mais difícil – o emprego das forças armadas pelas grandes potências; exploro a significância dessas propostas para o sistema das Nações Unidas; e trato da relação de governança global, desenvolvida gradualmente por coalizões dos que querem, para o direito internacional público comum. Concluo esta parte central de minha argumentação tratando diretamente da diferença entre construir a governança global unitariamente, de cima para baixo, de maneira resistente a variação e contradição, e construí-la, de baixo para cima, em formas múltiplas, fragmentárias e incompletas.

COALIZÕES DE PROPÓSITO ESPECÍFICO

Para descrever as formas variadas que essas coalizões dos que querem podem assumir, tomo emprestado outro termo convencional da diplomacia contemporânea: geometria variável. Não existe um critério dominante de divisão dos Estados do mundo para propósitos de criação conjunta de bens públicos globais. Eles podem se dividir e se juntar por critérios alternativos, como têm feito: juntando-se ora com alguns Estados (pelo critério de proximidade regional e integração), ora com outros (por semelhança de poder e proeminência, ou de desvantagem e vulnerabilidade, no sistema de Estados), e ora ainda com outros Estados com os quais possam estar relacionados apenas por uma aposta comum na solução de um problema específico que os afeta.

O modelo que resulta não será simples. Imporá aos que vierem depois a tarefa de definir princípios e mecanismos para a conciliação dos pedaços e das peças da governança global que essa fecundidade de iniciativa terá criado. Não obstante, esse método desordenado terá uma inestimável vantagem em relação a todos os outros: será motivado pela ação dos Estados em defesa do que eles consideram ser seus interesses reais e não pelos esquemas de suposta elite cosmopolita tentada a confundir preconceitos provincianos, de classe ou ideologia, com os interesses universais da humanidade. Terá a vantagem da experiência sobre o dogma, da diversidade sobre a uniformidade, e de afinidades reconhecidas sobre procedimentos estabelecidos para compensar sua ausência.

O primeiro e mais puro exemplo de coalizões de propósito específico são coalizões de Estados estabelecidas para fazer avançar um objetivo estreitamente definido: a criação de um bem público global particular de interesse material ou moral imediato para os Estados membros da coalizão. O que começa como uma iniciativa definida com estreiteza pode logo evoluir e ampliar seus objetivos; a especificidade do foco inicial pode, não obstante, ter servido bem à coalizão, ao prové-la de agenda clara. Pode ter reunido Estados que talvez não fossem capazes de se unir com base em programa mais amplo.

Exemplo revelador de coalizão de propósito específico é a aliança de países ricos em energia solar potencial que Narendra Modi, pela Índia, e François Hollande, pela França, anunciaram na conclusão da reunião do G-20, em 2015. Depois enviaram convites para mais de cem países convocando-os a se juntarem ao que descreveram como uma "coalizão que procurava trabalhar pelo estabelecimento de uma Agência Internacional para Política e Aplicação Solar (InSPA, na sigla em inglês). A multiplicação de iniciativas análogas em todas as áreas de vida internacional tem o enorme potencial de começar a prover bens públicos globais, passo a passo e pedaço a pedaço, de baixo para cima.

Uma coalizão de propósito específico não precisa considerar apenas temas técnicos relativamente restritos como este com o qual a InSPA iria lidar. Seu uso mais abrangente poderia tratar de alguns dos problemas mais importantes e complexos da sociedade contemporânea. Um exemplo é o confinamento, em todas as grandes economias do mundo, da economia do conhecimento a vanguardas insulares que excluem a vasta maioria da força de trabalho. Deste confinamento do vanguardismo produtivo a franjas excludentes resultam estagnação de crescimento e de produtividade, bem como agravamento de desigualdade e exclusão.

Nenhum Estado dominou completamente a combinação de iniciativas políticas e inovações institucionais que seria necessária para disseminar as práticas de produção de conhecimento intensivo avançado por toda a economia. Uma coalizão de propósito único pode ter como seu propósito desenvolver, mediante políticas compartilhadas e experimentos institucionais, os requisitos para tal disseminação. Em vez de servir como escudo contra riscos globais, uma coalizão de propósito único pode operar como uma vanguarda global, associando a causa da governança global, construída de baixo para cima, com crescimento econômico mais rápido e inclusivo.

Um modo de incrementar o impacto transformador de coalizões de propósito específico é associá-las ao engajamento da sociedade civil independente na solução de problemas globais e na provisão de bens públicos globais. Operando por intermédio de organizações não governamentais, inclusive universidades, igrejas, fundações e todo tipo de associações civis, tais entidades do "terceiro setor" podem complementar o trabalho de coalizões de propósito específico. Podem fazer isso de duas maneiras diferentes.

Uma maneira é estabelecer parceria aberta com coalizões de propósito específico, principalmente em áreas como mudança climática e saúde pública, nas quais essas organizações sociais frequentemente estão na linha de frente dos campos em que operam. Uma analogia doméstica lança luz sobre o potencial dessas parcerias. A forma dominante de provisão de bens públicos em todo o mundo continua a ser o que poderíamos chamar Fordismo administrativo, por alusão à vanguarda produtiva que antecedeu a economia do conhecimento: a produção industrial, também padronizada, comumente chamada Fordismo industrial. É a provisão de serviços públicos padronizados de baixa qualidade pelo aparato burocrático do Estado. A única alternativa é frequentemente tida, erroneamente, como a privatização de serviços públicos em favor de negócios que visam ao lucro.

Governar o mundo sem governo mundial

Existe alternativa mais promissora. O Estado tem de continuar a assegurar um chão de serviços públicos universais. Deve operar também no teto, no desenvolvimento de serviços públicos mais caros e mais complexos. Mas na ampla zona intermediária entre o chão e o teto, um dos meios mais eficazes de aumentar a qualidade dos serviços públicos é mediante parceria com a sociedade civil independente, operando, por exemplo, por meio de cooperativas de especialistas e de comunidades interessadas, para participar na provisão diversificada e experimental desses serviços.

Assim como o Fordismo administrativo representa o equivalente administrativo a um estilo de produção industrial no passado, assim essa forma experimental público-privada de provisão de serviço pode ser a contrapartida administrativa na economia de conhecimento. Tais parcerias entre Estado e sociedade civil, projetadas para produzir ampla gama de bens públicos globais, podem ser ainda mais promissoras no cenário internacional no qual quase tudo ainda está por ser feito e os maiores riscos são os da omissão.

A outra maneira pela qual as coalizões de propósito específico podem incitar o engajamento internacional da sociedade civil não requer essa associação direta entre o público e o privado. Coalizões de propósito específico entre Estados, assim como associações civis, podem assumir a liderança na abordagem de problemas globais específicos. Qualquer dessas forças que atue como batedora e prospectora ajudará a abrir o caminho para a outra.

O trabalho em paralelo do Estado e da sociedade civil não está isento de complicação: organizações não governamentais podem enfrentar justificados temor e resistência, sob a suspeita de estarem atuando em benefício dos Estados ou do grande capital. Há ampla razão para o escrutínio de suas credenciais e de seus vínculos com governos e empresas. Mas o engajamento da sociedade civil na cena mundial tem mais do que valor instrumental. É um bem imenso por si mesmo: forja ligações de solidariedade e comprometimento para além de fronteiras nacionais e cria incontáveis milhões de interessados e envolvidos – entre agentes e beneficiários – na criação de governança global sem governo mundial.

COALIZÕES DE ESTADOS SEMELHANTES

Coalizões de Estados formadas para lidar com riscos globais e produzir bens públicos globais também podem se desenvolver na base de uma afinidade entre Estados. Tais Estados podem concluir que estão enfrentando problemas comuns e que compartilham responsabilidades comuns, porque têm medida semelhante de poder e de presença no sistema de Estados e suas economias usufruem de nível comparável de desenvolvimento. No entanto, semelhanças em poder e prosperidade raramente serão suficientes para dar vida a uma coalizão, a menos que sejam reforçadas por ideias e ideais compartilhados; interesses morais haverão de se juntar a interesses materiais.

Na medida em que se juntam, as coalizões resultantes desfrutam de enorme potencial para promover agenda ampla e aberta de preocupações comuns. Coalizões de propósito específico extraem sua força do esforço de resolver um problema específico. Coalizões de Estados semelhantes ganham energia e sobrevida de afinidades de experiência, preocupação e atitude que, além de levá-los a enfrentar problemas semelhantes, facilitam sua convergência a visões comuns de como resolvê-los.

Em cada um desses dois tipos de coalizões dos que querem, as soluções adotadas pelos Estados participantes terão implicações para o mundo inteiro. Em cada uma, no entanto, há uma dinâmica distinta que tende a fazer do funcionamento da coalizão uma peça de governança global. Para coalizões de Estados semelhantes, é mais provável que ela seja a aposta em reconfigurar algum aspecto de instituições ou práticas internacionais para que sejam adequadas a sua agenda compartilhada: implementá-la mais completamente, para impedir que seja solapada, ou simplesmente ampliar o espaço no qual os Estados participantes possam alcançar seus objetivos. Exemplos simples servirão para mostrá-lo.

Os três exemplos mais importantes de coalizões de Estados semelhantes são, hoje, o G-7, o G-20 e o Brics (Brasil, Rússia, Índia, China, África do Sul). Cada uma dessas coalizões ilustra a seu próprio modo os usos e os limites de coalizões de Estados semelhantes. Cada uma tem muito menos do que uma agenda compartilhada para ação no cenário global mas já mais do que um conjunto de

Governar o mundo sem governo mundial

preocupações semelhantes. Em cada uma, os caprichos da política nos Estados-membros fortalecem ou enfraquecem a coalizão. E cada uma proveu seus membros de instrumento para influenciar a reformulação da ordem global.

Na prática, o G-7 serviu para coordenar respostas dos Estados Unidos e seus aliados a riscos globais tais como instabilidade financeira, mudança climática e terrorismo internacional. Ele agiu onde e quando as Nações Unidas, devido a suas disposições constitucionais, não poderiam atuar eficazmente. Nessas iniciativas, tem sido vulnerável, como é toda coalizão de Estados semelhantes, à divisão interna na coalizão, especialmente quando um governo americano vigente diverge dos outros seis Estados-membros. E não tem sido capaz de ocultar a perspectiva a partir da qual ele intervém, que é a da aliança do Atlântico Norte, com o acréscimo de Japão e Austrália. Teve mais sucesso, contudo, onde foi menos provinciano e partidário e agiu para fazer avançar posições que ganharam apoio de Estados não membros.

O G-20 serviu na prática como instrumento para fazer essa ponte entre os interesses das potências do Atlântico Norte com um conjunto mais amplo de Estados importantes para apoiar iniciativas que interessam ao mundo inteiro. Mas se essa foi sua origem, é improvável que seja seu futuro. O G-20, ou alguma variante dele, pode suplantar cada vez mais o G-7: ele representa uma porção muito maior da população mundial e do PIB global, e não pode ser confundido com um longo braço do sistema de alianças militares centrado nos Estados Unidos. Juntamente com o Brics, é a entidade mais próxima que temos de uma associação dos Estados mais importantes do mundo, capaz de compensar o malogro das Nações Unidas em se refazer à luz das realidades contemporâneas. Ele pode associar esses Estados em iniciativas de liderança destinadas a impedir danos globais que ameaçam todos os Estados. O mais importante desses danos é uma guerra mundial: o G-20 pode servir como um contexto no qual esses países podem atuar para influenciar o desenvolvimento do conflito entre Estados Unidos e China, e impedir sua degeneração em beligerância aberta.

O movimento dos Brics representou o início de uma contrapartida ao G-7 numa ação concertada pelos países continentais em desenvolvimento. Um desse países começou a superar os Estados Unidos em poder econômico. Dois deles competem com ele em poderio militar. Três deles são democracias falhas, mas vibrantes. Dois, inclusive o mais importante, são autocracias.

As confusões e vacilações do Brics constituem variações de uma ambivalência central. Deve o movimento do Brics buscar lugar melhor na atual ordem mundial ou lutar pela revisão dessa ordem? Ele agora vê-se enfraquecido pelas vacilações e discordâncias de seus Estados- membros. A China está tentada a pôr de lado qualquer solidariedade com países em desenvolvimento e buscar desavergonhadamente o condomínio do mundo com seu rival, os Estados Unidos. A Índia (que juntamente com o Brasil e a África do Sul também participa no IBSA), temerosa da China, hesita entre fazer acordos impactantes com os Estados Unidos, especialmente sobre armas nucleares, e infundir nova e significativa vida a seu antigo e piedoso terceiro-mundismo. A Rússia está ansiosa por agir, porém, como o rei Lear, não sabe o que fazer. O Brasil, com a ampla margem de manobra e confiança de que usufrui em virtude de seu afastamento de um conflito eurasiano que dura mais de dois mil anos, temporariamente se exclui, graças a sua não correspondida submissão aos Estados Unidos, de ajudar a dar uma direção ao movimento do Brics. Muitas condições em ao menos alguns dos Estados-membros do Brics teriam de mudar para que o Brics volte à vida como veículo efetivo para uma agenda que procure governar o mundo sem governo mundial.

Considere, como um exemplo, as pressuposições jurídicas e institucionais do regime de comércio mundial. Sob os tratados da Organização Mundial de Comércio e os mais ambiciosos acordos multilaterais como as propostas Parcerias Transpacífica e Transatlântica, a participação no sistema de comércio requer adesão a variante específica da economia de mercado: variante que incorpore, por exemplo, o regime atual de propriedade institucional e proscrevendo, sob o rótulo "subsídios", as formas de coordenação estratégica as quais os países ricos de hoje aproveitaram para ascender. É do interesse dos principais países em desenvolvimento, em vez disso, buscar um minimalismo institucional (como o que caracterizou o regime de comércio anterior do Gatt): o máximo de abertura institucional com o mínimo de restrição em experimentos institucionais, inclusive experimentos no modo de organizar uma economia de mercado. Uma coalizão de Estados semelhantes, formada no futuro por Estados que compreendem a necessidade de inovar, em benefício de crescimento econômico socialmente inclusivo, nas disposições institucionais de uma ordem de mercado pode desempenhar um papel vital para substituir o debate sobre mais ou menos globalização por discussão em âmbito mundial sobre a questão mais produtiva: qual globalização? A menos que seja informado por tal conversa, nenhum esquema de governança global pode esperar ser duradouro.

A esses exemplos de coalizões de Estados semelhantes, deveríamos contrastar a associação de Austrália, Índia, Japão e Estados Unidos ("o Quad"), estendida mais recentemente pelo pacto de segurança trilateral entre a Austrália, o Reino Unido e os Estados Unidos (Aukus), no que é ostensivamente uma iniciativa geopolítica para conter a China na região Indo-Pacífica. Tal iniciativa serve ao que foi desde cedo na história americana um objetivo cardeal da política exterior americana: evitar que qualquer potência em outra parte do mundo consolide sua hegemonia naquela região em tal medida que possa, com base nisso, pretender hegemonia mundial.

O método pode parecer bismarckiano. O próprio Bismarck, no entanto, não se permitiria fazer provocação tão agressiva, a menos que já estivesse decidido travar uma guerra. Aqui uma coalizão de Estados semelhantes serve como mais um instrumento de confronto entre grandes potências e não como um passo em direção a governo do mundo sem governo mundial.

COALIZÕES REGIONAIS

Organizações de países por região são as formas mais conhecidas de associações de Estados. Mas elas são as espécies de coalizões dos que querem que talvez tenham menos para contribuir na construção de uma governança global – ao menos até que se tornem uniões ou confederações e não coalizões.

Considere alguns exemplos: a União Africana, a Liga de Estados Árabes e a Unasur – a moribunda União Sul-Americana. Como dispositivos para o desenvolvimento de governança global, elas são, ou eram, limitadas por sua orientação interna em relação aos problemas da região, às relações entre seus Estados-membros e às tratativas econômicas e políticas desses Estados--membros com o restante do mundo. O comércio, tanto como livre-comércio na região quanto como união aduaneira, pode avultar em sua estrutura e sua orientação. Podem ser ralas e frágeis quando têm uma jurisdição inclusiva (como a União Africana e a Liga de Estados Árabes), e deficientes no ímpeto para influenciar a ordem global ou compartilhar a criação de bens públicos internacionais quando se focam (como a Unasur ou o Mercosul) em seus estreitos interesses de segurança ou comerciais.

Não obstante, se a coalizão regional se aprofunda e vira união mais coesa de Estados, pode tornar-se modelo para a ordem global: suas tentativas e erros, seus experimentos e invenções institucionais podem iluminar, por exemplo positivo ou negativo, o caminho para a ordem global e o modo de instituir governança global sem governo mundial. Este foi o percurso da União Europeia: uma coalizão regional que se tornou algo mais. Ao virar mais do que uma coalizão, uma associação regional de Estados revela problemas e possibilidades vitais para o futuro da governança global.

A Europa dá o exemplo mais significativo: na União Europeia, as regras e políticas que limitam as formas de organização econômica e social estão cada vez mais concentradas no governo da União (em nome da "harmonização"), enquanto as políticas e regras que definem as dotações sociais e educacionais dos cidadãos são delegadas às autoridades nacionais e subnacionais. Não é de admirar que tanto a direita quanto a esquerda encontrem motivos para acusar a União Europeia de ser um governo supranacional entregue a um centrismo tecnocrático e antagônico ao aprofundamento de experimentalismo democrático.

Os europeus poderiam – e deveriam – virar esse princípio de cabeça para baixo. A grande vocação da União deveria ser assegurar as dotações que incrementam as aptidões de todos que forem seus cidadãos, enquanto garante aos Estados-membros a maior latitude possível para experimento em seus arranjos institucionais. Uma União Europeia desse tipo serviria como modelo para a "outra globalização" que grande parte do mundo busca hoje. Tal reorientação do projeto europeu jamais aconteceria de maneira espontânea. Aconteceria mais provavelmente como resultado de uma aliança dos Estados do Sul e do Leste Europeu com forças de oposição na Alemanha e na França.

ORGANIZANDO COALIZÕES DE ESTADOS

TOMADAS DE DECISÃO EM COALIZÕES DE ESTADOS

A rota que propus para uma governança global opta por um modo de assegurar capacidade de tomada de decisões e rejeita outro. O que ela rejeita é um modelo de comando e controle de tomada de decisões baseado em hierarquia de cargos e em rígida especialização de funções, como as que poderiam existir numa grande e antiquada corporação ou num Estado que ainda não se converteu, em suas disposições constitucionais e práticas administrativas, num experimentalismo democrático. O que, em vez disso, ela abraça é um plano para governança global baseado em iniciativas consensuais, voluntárias, de Estados que entram em acertos colaborativos de sua própria invenção, bem como num direito internacional público comum que expressa os elementos mais compartilhados e duradouros dessa atividade conjunta.

Sob tal plano, não pode haver processo uniforme de tomada de decisões: cada coalizão organiza suas próprias formas de tomada de decisões. Uma coalizão de propósito específico pode ser estabelecida para tratar de um problema global específico, como tráfico humano, ou de uma oportunidade específica, como o uso de energia solar. Não pode ter o mesmo procedimento de tomada de decisões de uma coalizão de Estados semelhantes que associa Estados afins que trabalham juntos numa lista aberta de preocupações comuns. Quanto mais forte a coalizão, menos provavelmente ela dependerá

Governar o mundo sem governo mundial

de unanimidade ou dará a seus membros privilégio de veto. O arranjo mais comum que pode ocorrer naturalmente em muitas coalizões dos que querem, de diferentes tipos, é o consenso, definido ou como supermaioria ou como preponderância de opinião, e não como uma unanimidade.

Coalizões dos que querem precisam de meios para se contrapor a perigos opostos: o risco de a coalizão ser paralisada por requerer unanimidade ou de ser despedaçada por não contemplar, adequadamente, preocupações de membros dissidentes. A necessidade de lidar com os problemas para cujo enfrentamento a coalizão foi formada se contrapõe ao primeiro perigo. O interesse em manter a coalizão viva se contrapõe ao segundo.

Não obstante, podem ocorrer conflitos e contradições entre iniciativas tomadas por coalizões do mesmo tipo ou de tipos diferentes. Podemos resolvê-los, por exemplo, mediante comissões de reconciliação, analogamente à prática comum em legislaturas nacionais bicamerais. O resultado exemplificaria a auto-organização de um regime de governança global construído de baixo para cima por uma sociedade internacional e não imposto de cima para baixo por um governo mundial e seu quadro de burocratas, juristas e imperadores.

FINANCIAMENTO E EQUIPAGEM DE COALIZÕES DE ESTADOS

A provisão de recursos financeiros e humanos para coalizões dos que querem tem pouca semelhança com os requisitos para financiar um corpo supranacional como as Nações Unidas ou as organizações de Bretton Woods. Essas entidades supranacionais têm de contar desde o início com financiamento independente, comumente na forma de um conjunto de contribuições obrigatórias segundo fórmula renegociada de tempos em tempos. Em seus estágios iniciais, coalizões dos que querem podem dispensar esses arranjos de financiamento: desprovidas de um aparato independente, elas conduzem seus assuntos mediante as iniciativas e com os recursos de seus Estados--membros. O desenvolvimento paralelo do direito internacional público comum requer recursos mínimos. Baseia-se numa atividade da mente, com o suporte de uma rede em âmbito mundial de academias de direito, e num corpo judicial – o Tribunal Internacional de Justiça – que já forma parte do sistema das Nações Unidas.

Essa facilidade inicial, no entanto, não é motivo para complacência. À medida que uma associação voluntária de Estados evolui, sua necessidade de uma base de recursos independente das finanças de cada Estado aumenta. Podemos prever três estágios nessa evolução. No início, as finanças e o quadro de pessoal das coalizões são os dos Estados-membros. Depois, as coalizões têm de ser capazes de começar a se apoiar numa base financeira independente, bem como num próprio quadro rudimentar de funcionários – um processo que provavelmente começa cedo na história de coalizões regionais. Melhor que esse quadro seja integrado com o aparato administrativo dos Estados-membros do que organizado como um serviço civil internacional independente, num rodízio contínuo entre trabalhar para o Estado-membro e trabalhar para a coalizão. Num terceiro estágio, quando a rede de associações entre Estados fica mais densa e mais complexa, surgirá a necessidade de fonte de financiamento que evite constante regateio na alocação de responsabilidades financeiras.

Precisamos gerenciar o financiamento e o quadro de pessoal das coalizões sem privar o regime emergente de governança global de sua espontaneidade e de seu caráter descentralizado. Sistemas tributários em todo o mundo estão sendo reorganizados para dar papel central a um abrangente imposto de valor agregado de alíquota baixa; um imposto que devido a sua generalidade e sua neutralidade quanto a preços relativos permite ao Estado aumentar receita enquanto minimiza o efeito disruptivo da tributação sobre arranjos econômicos e sobre iniciativas para poupar, investir e empregar. Todo o regime de governança global de baixo para cima, em sua forma mais desenvolvida, poderia ser financiado por uma sobretaxa no imposto de valor agregado ou no equivalente funcional mais próximo dele em cada país. Tal encargo seria estabelecido de acordo com uma fórmula que atribuísse importância central ao PIB total e peso subsidiário ao PIB *per capita*.

ENFRENTANDO O PROBLEMA MAIS DIFÍCIL: GOVERNAR O USO DAS FORÇAS ARMADAS PELAS GRANDES POTÊNCIAS

UM ACORDO AMIGÁVEL INDISPENSÁVEL

Nada é mais característico de um mundo deficiente em governança global do que sua incapacidade de impor limites ao uso das forças armadas pelas grandes potências. Nenhum problema de governança global é mais difícil de resolver. Parece ser impossível chegar a um meio-termo entre um sistema internacional no qual as grandes potências usam a força à vontade e um no qual uma autoridade global, supranacional, decide quando e como pode usá-la. Contudo, mesmo nessa área mais resistente de vida internacional, coalizões dos que querem têm papel a desempenhar.

O sistema de segurança das Nações Unidas tem sido a tentativa mais significativa de chegar a um meio-termo; isso tem de ser considerado um malogro. A causa do malogro é a combinação da rigidez de suas disposições, assegurando poder de veto a cinco potências vitoriosas (ou tratadas como tal) numa guerra que terminou 75 anos atrás, com uma mudança drástica em termos de rivalidade entre grandes potências. Entre os Estados com direito a veto estão os Estados Unidos e dois países a eles ligados por aliança militar. O quarto é um Estado armado até os dentes, que não se resignou à perda de seu status de grande potência, e convencido de estar ameaçado pela aliança militar que os Estados Unidos lideram. O quinto é a superpotência emergente que os Estados Unidos e seus aliados consideram seu principal adversário:

um poder revisionista tornado ainda mais perigoso pela falta de um programa revisionista e por ser, embora pródigo em parceiros comerciais, desprovido de amigos e aliados.

Sob essa combinação de circunstâncias, qualquer iniciativa que os Estados Unidos considerem ser vital para seus interesses de segurança provavelmente será rejeitada pelo quarto ou pelo quinto Estado, ou por ambos. E se o mesmo é pouco provável que aconteça na direção oposta, é só porque a Rússia e a China não veem sentido em sequer tentar obter reparação do Conselho de Segurança. Se os Estados Unidos e seus aliados não conseguirem obter o que procuram do Conselho, eles saem do sistema das Nações Unidas e organizam uma coalizão dos que querem, o contexto original, suspeito, do termo que usei para descrever o espectro total de relações colaborativas entre Estados soberanos.

Assim, o sistema de segurança das Nações Unidas é como um balão cheio de ar quando dá aos Estados Unidos e seus aliados o que eles estão buscando e que é esvaziado quando não dá. O ar só é bombeado nele quando um assunto que concerne a um terceiro Estado, ou Estados, e não envolve os interesses vitais de segurança das potências com poder de veto, está em questão. Esse regime de segurança é manifestamente inadequado para servir até mesmo como ponto de partida para o desenvolvimento de disposições e práticas que governem o uso das forças armadas pelas grandes potências. Seu uso principal é organizar operações policiais em disputas distantes do conflito existente entre elas.

O mundo precisa de outra abordagem. Podemos encontrar inspiração para essa abordagem numa concepção que foi central, no século XIX, na diplomacia e na política europeias: a noção de uma *entente*, uma relação cordial entre poderes, que seus arquitetos do século XIX, preocupados com sua situação imediata, definiram como Concerto da Europa. Seu objetivo era impedir que qualquer grande potência representasse uma ameaça existencial a outra, obrigando-a a ter de optar entre guerra e rendição. Seu principal método era levar os Estados com os quais tratava a um entendimento compartilhado que garantiria e conciliaria os interesses de segurança vitais de cada um.

Governar o mundo sem governo mundial

Qualquer Estado que ameaçasse o acordo que esses entendimentos suportavam teria razões para temer uma oposição concertada – diplomática e, se necessário, militar – dos outros Estados do sistema. A força desses arranjos era sua flexibilidade: sua capacidade de evoluir, à luz de circunstâncias que mudavam. Outra força era beneficiar-se de mecanismo automático de estabilização. Qualquer participante do concerto poderia desafiar seu entendimento predominante e buscar, sem o apoio das outras partes, a revisão do acordo que esses entendimentos sustentavam. Havia um preço a pagar por esse desafio: ao alarmar os outros Estados do sistema, iria provocá-los a se oporem a ele. A ameaça de guerra contra a potência supostamente revisionista era sempre implícita, mesmo quando não manifestada abertamente.

Uma contrapartida contemporânea a esse arranjo, numa escala mundial e não europeia, numa era de democracias de massa, sejam reais ou pretendidas, e destinada a lidar, como não faz o sistema de segurança das Nações Unidas, com as realidades da rivalidade entre as grandes potências, hoje seria uma *entente*: uma quarta, e informal, espécie de coalizão dos que querem. Mas em vez de ser uma organização distinta, como os outros três tipos de coalizão, ela operaria tanto no terreno dessas outras espécies de coalizão quanto fora dele, de acordo com circunstância e oportunidade.

O Concerto da Europa, poder-se-ia objetar, foi possível no mundo europeu, relativamente homogêneo, do século XIX, com seus imperadores e reis ligados por sangue e pretensão, suas sociedades de classe fortemente definidas e suas reivindicações por dominar e dirigir o restante da humanidade. A tradução desse dispositivo para o mundo de hoje – o mundo inteiro – pode parecer um empreendimento sem perspectiva. A resposta a essa objeção vem em duas partes.

Primeira, o mundo que temos, curvado como está sob o jugo de ditadura de falta de alternativas, é muito menos cheio de diferenças do que gostaríamos de pensar que é. Se ele introduzisse mais diferenças novas em vez de buscar vingança no ódio e na guerra por diferenças que estão desaparecendo, seria menos perigoso. Segunda, a *entente* de que precisamos é, como ficará claro nas próximas páginas, diferente do Concerto da Europa em muitos aspectos. Uma

32

das diferenças mais significativas é que ela precisaria ser precedida de um rico acervo de iniciativas cooperativas de Estados e de suas coalizões dos que querem. Em certo sentido ela seria apenas o arremate – conquanto indispensável, dada a proeminência do objetivo de evitar guerra entre as grandes potências – para aquele registro anterior de atividade cooperativa. Outra diferença é que isso exigiria dos Estados participantes o que o Concerto da Europa nunca exigiu: concessões em questões que vão muito além das aspirações territoriais e das disputas que preocupavam os arquitetos do Concerto.

No entanto, num aspecto importante, ela teria de ser muito parecida com o Concerto: em seu mecanismo automático de estabilização. Qualquer potência que desafiasse os entendimentos compartilhados pela *entente* despertaria o medo e a desconfiança de todos os outros participantes, e daria ensejo a seu próprio isolamento.

O Concerto da Europa não é o único predecessor dessa proposta. Existe mais um, mais próximo do Concerto em alguns aspectos e mais distante em outros: a Liga das Nações. A inspiração imediata para a Liga, o décimo quarto dos quatorze pontos de Woodrow Wilson, declarava: "Uma associação geral de nações tem de ser formada com o propósito de oferecer garantias mútuas de independência política e integridade territorial tanto para grandes quanto para pequenos Estados". A linguagem de garantias mútuas, seu caráter multilateral, o foco em independência política e integridade territorial com a exclusão de qualquer pretensão de policiar o mundo, e a intenção de descrever uma iniciativa diplomática baseada na premissa de soberania dos Estados e não de servir de semente de Estado mundial – tudo isso dá à Liga pontos de contato com a *entente* tal como a descrevo. Além disso, os documentos de fundação da Liga não extrapolaram, como fez o Pacto Kellogg-Briand, de 1928, pretendendo banir a guerra, a *ultima ratio* dos Estados soberanos num mundo de Estados soberanos, apesar de que muitos dos autores e signatários daquele Pacto estivessem tramando, em nome da paz, a guerra seguinte.

Frequentemente se disse que a maior fraqueza da Liga foi o fato de lhe faltar um instrumento de força armada e o apoio dos Estados Unidos. A falha foi mais básica: a de ter sucumbido desde o início à tentação de uma formalização prematura, na esperança infundada de que forma institucional representaria promessa de durabilidade. A forma institucional acabou se mostrando, em vez disso, ser camisa de força debilitadora.

Em seus estágios de formação, uma iniciativa como essa tem de ser liderada por aqueles que a querem liderar, e têm o poder de fazer isso, nas circunstâncias imprevistas que surgem na história viva, contra o plano de fundo das subidas e descidas da política doméstica e da política internacional. O fardo do passado já incidia pesadamente sobre eles; não precisavam contender também com a inflexibilidade de pactos e conselhos. Numa *entente* que mobiliza os que querem, alguns propõem, alguns resistem, alguns se calam. Num clube em que se exige a obediência de seus membros, o desobediente deixa o clube, como fizeram os Estados-membros insatisfeitos da Liga, tornando toda crise no mundo uma crise na organização, em vez de aguardar, como se faz na política e se deve fazer na *entente*, outro dia.

QUEM DEVE AGIR?

Vamos nomear a preocupação predominante e imediata. É a ameaça à paz mundial representada pela rivalidade entre os Estados Unidos e a China. Como acontece frequentemente quando grandes potências vão em direção a um confronto, esses dois países já se mostraram incapazes de impedir o agravamento de sua rivalidade. Não é do interesse do resto do mundo ficar à espera passivamente enquanto se desenrola a lógica terrível desse conflito.

Todos os países têm interesse em conter essa rivalidade e levá-la da beligerância para a competição pacífica. Mas alguns países estão muito mais imediatamente ameaçados e motivados para atuar do que outros. Os países mais qualificados para assumir a liderança no desenvolvimento de uma *entente* destinada a modificar o curso dessa lógica são os que têm o maior interesse em evitar escolher entre a China e os Estados Unidos; por força das circunstâncias, estão profundamente envolvidos, e num futuro previsível têm de continuar profundamente envolvidos, com ambos. Eis aqui três exemplos de longa lista de candidatos, cada um deles muito diferente dos outros dois.

Veja primeiro Singapura. A necessidade de optar entre os Estados Unidos e a China seria calamidade para a cidade-Estado, como sua elite governante sabe muito bem. Como entreposto internacional, Singapura faz grande parte de seus negócios com as duas potências, direta ou indiretamente. Sua elite se identifica com o Ocidente. Mas a parte predominante de sua população é de ascendência chinesa. Singapura vive na periferia da China. Serve como campo de treinamento para jovens funcionários chineses que lá podem observar um mundo no qual a burocracia não precisa se ajoelhar a uma ideologia, e o poder se esvazia de pretensão.

Considere agora o Brasil. Suas associações históricas e afinidades culturais com os Estados Unidos excedem amplamente as que tem com a China. Mas essas afinidades têm um formidável contrapeso. Um princípio cardeal da política exterior americana desde quase a época da independência foi o de exercer indiscutível hegemonia no hemisfério ocidental. A doutrina Monroe e o corolário de Roosevelt foram apenas a expressão mais destacada desse princípio. Os estadistas americanos o confirmaram juntamente com um segundo princípio: impedir que qualquer outra potência, como a China hoje, consolidasse sua hegemonia em outra parte do mundo em tal medida que possa, com base nessa predominância regional, buscar hegemonia global. O Brasil precisa se opor a esses dois princípios: ao primeiro mais obviamente do que ao segundo. Mas também tem de rejeitar o segundo já que a premissa deste segundo princípio é reservar a um país prerrogativa negada a todos os outros.

A China se apossou do principal mercado do Brasil, ocupando o lugar dos Estados Unidos. Também está se tornando rapidamente fonte de investimento de capital, em especial para a construção de infraestrutura crucial. Grande interesse brasileiro é mudar o caráter de suas relações tanto com a China quanto com os Estados Unidos. Não pode se permitir ser para a China apenas fonte de alimentos e minérios, produtos relativamente intocados pela inteligência humana, enquanto em troca recebe da China os produtos da mente. Como vale também para muitos outros países, a reformatação de suas relações com a China está ligada à transformação de suas relações com

Governar o mundo sem governo mundial

os Estados Unidos, com o fim de aprimorar seu aparato produtivo. Premissa para essa dupla transformação é a preservação da paz.

Observe agora a situação ainda mais sutil e complicada da Europa. Grande parte da Europa está ligada aos Estados Unidos por aliança militar, bem como por proximidade ideológica e institucional. Mas esse vínculo não anula seu interesse em desenvolver uma relação mais ampla e mais profunda com a China e limitar as restrições que resultam da aliança americana. A natureza desse interesse é mais claramente expressa na diplomacia de um país livre das restrições da União Europeia, como a Suíça. Por exemplo, a associação do ETH da Suíça, o Instituto de Tecnologia Federal suíço, com a Universidade Tsinghua representa modelo para muitas possíveis iniciativas semelhantes de interesse europeu. Todas elas assumem que uma competição pacífica entre os Estados Unidos e a China vai prevalecer sobre a escalada de um confronto de cunho bélico.

Os autores e agentes políticos e diplomáticos de uma *entente* destinada a alcançar esse objetivo não estão limitados a países como estes, ou mesmo a potências de nível médio, como Indonésia, Paquistão, Turquia, Nigéria e México. Eles incluem, entre Estados semelhantes, pelo menos duas coalizões dos que querem na atual lista dessas organizações: o G-20 e o Brics. Tanto os Estados Unidos quanto a China são membros da primeira. A China é membro da segunda. São as duas entidades internacionais fora das Nações Unidas que constituem as bases mais fortes para atuar no sentido de influenciar o rumo da rivalidade entre os Estados Unidos e a China.

O G-20, diferentemente do G-7, excede os limites dos países mais ricos e dos aliados dos Estados Unidos. Por esse simples motivo, no entanto, tem mais legitimidade sem perder a flexibilidade necessária para agir. Além do mais, serve como foro no qual os Estados Unidos e a China podem lidar um com o outro sob os olhos vigilantes de potências de nível médio.

O Brics, se puder ser revitalizado, tem a vantagem de representar os interesses dos mais importantes países em desenvolvimento. Ele oferece à China e à Rússia o caminho mais importante para influenciar o desenvolvimento de um programa revisionista de governança global. Ele inclui, com a Índia, um

Estado que vacila entre sua tradição histórica de não alinhamento e sua vontade de ser armado pelos Estados Unidos e seus aliados contra a China. E ele conta, com o Brasil, com um Estado que tem um interesse (se apenas conseguisse superar seus conflitos internos) em ser o proponente das mais ousadas iniciativas dos membros do Brics, e, distante como está dos conflitos eurasianos, o depositário de sua confiança.

Estes são agentes apenas potenciais. A definição dos agentes efetivos depende do acaso de quem está no poder e onde, e do sempre improvável casamento do poder com a imaginação, da ousadia com a autocontenção, e do realismo quanto à ordem internacional estabelecida com o entendimento de suas possibilidades de transformação.

UM PRIMEIRO MOMENTO: ENVOLVER AS GRANDES POTÊNCIAS EM INICIATIVAS DESTINADAS A SUPRIR BENS PÚBLICOS GLOBAIS

O que podem e devem fazer esses agentes? Mediante quais iniciativas e em que sequência eles podem – e devem – agir para desenvolver *entente* que tenha chance de envolver tanto os Estados Unidos quanto a China, a fim de alterar o curso de sua rivalidade? O fardo da desconfiança e da animosidade entre essas potências ficou tão grande agora que muitos podem julgar que esse projeto está condenado a malograr. Por que deveríamos esperar que qualquer outra combinação de Estados tenha êxito onde as duas potências não oferecem, elas mesmas, qualquer motivo para ter esperança?

Diante desse problema, uma inteligência política e diplomática não pode se desesperar. Tem de adotar visão de longo prazo e, sem expectativa exagerada das perspectivas de sucesso, apostar no potencial de rede pacientemente construída de envolvimentos recíprocos para evitar uma catástrofe ao influenciar o desenvolvimento da rivalidade entre as grandes potências.

Mais adiante neste livro eu reflito sobre o que faz ser tão difícil para esses dois grandes Estados repensar e refazer sua relação um com o outro e com o mundo. Por agora, basta mencionar a inépcia com que cada um deles se relaciona com o restante do mundo: os Estados Unidos, em virtude de sua antiga

Governar o mundo sem governo mundial

reivindicação de ascendência e da habitual confusão que faz entre direito e interesse próprio; a China, como resultado de ilusões alimentadas por isolamento e despotismo.

Neste primeiro momento, o objetivo dos que movimentam a *entente*, entre potências de nível médio e coalizões de Estados semelhantes, é ajudar a envolver os Estados Unidos e a China em iniciativas internacionais que sejam valiosas por si mesmas, como formas de evitar danos em âmbito mundial e produzir bens públicos globais, e que só tenham relação indireta com o curso de sua rivalidade. Considere dois exemplos: um relativamente mais familiar e o outro, menos. Os dois estão conectados de um modo que interessa imensamente ao mundo.

O exemplo mais conhecido é o envolvimento das duas grandes potências num clima de negociações políticas. Uma coisa é ficar focado apenas no desejado resultado superficial dos objetivos de redução de emissão de carbono. Outra coisa é considerar os objetivos relativos a mudança climática, regras e metas como simplesmente ponto de partida para o desenvolvimento, por intermédio de cooperação internacional bem como de política nacional, de práticas e tecnologias de produção úteis para o crescimento econômico sustentável. O grande passo à frente seria uma disposição das duas grandes potências para trabalhar junto com outros países, dentro e fora dos contextos do G-20 e do Brics, a fim de definir um conjunto de práticas e tecnologias isentas de interesses de segurança nacional, não sujeitas a proteção de propriedade intelectual, ou sob uma proteção que poderia ser retirada após compensação apropriada, e diretamente pertinente à agenda para recuperar o crescimento e fazê-lo com base em baixo carbono.

O exemplo menos conhecido seria o de uma iniciativa assumida pelas potências de nível médio, com o apoio dos Estados Unidos e da China, para organizar o acesso àquelas mesmas tecnologias e práticas por parte de potências menores e um amplo espectro de países de renda média, e fazer isso de acordo com as organizações internacionais que se possam interessar em participar, inclusive o Programa das Nações Unidas para o Desenvolvimento (PNUD), a Unesco, o Banco Mundial, o Novo Banco de

Desenvolvimento do Brics e a Organização para Cooperação e Desenvolvimento Econômico (OCDE). Poucas coisas são de maior interesse à causa do crescimento econômico socialmente inclusivo e sustentável no mundo do que a difusão mundial dessas práticas e tecnologias dentro dos limites das restrições de segurança nacional e propriedade intelectual.

O interesse do mundo é levar os Estados Unidos e a China a participar, além de seus estreitos veículos nacionais, na Agência para Desenvolvimento Internacional (do governo dos Estados Unidos) e da Iniciativa do Cinturão e Rota (ou Nova Rota da Seda), da China. A questão fundamental é se a prática atual mais avançada da produção, a economia do conhecimento, continuará a estar confinada a uma série de vanguardas produtivas insulares, espalhadas pelo mundo, que excluem a vasta maioria de trabalhadores e empresas, mesmo nas economias mais avançadas do mundo. Uma economia do conhecimento para os muitos é uma economia do conhecimento que pode ser estabelecida dentro de cada economia importante de maneira que abranja grande parte do sistema de produção, e no mundo, amplo grupo de economias nacionais. Não vai acontecer espontaneamente. Sua forma atual insular é o caminho de menor resistência: a forma da economia do conhecimento que menos perturba interesses e preconceitos dominantes.

Uma produção sustentável só pode se desenvolver e prosperar como uma instância da economia do conhecimento. Tem de ser ou primitiva (como na extração tradicional, artesanal, de recursos naturais) ou altamente avançada. Não existe meio-termo.

Alternativa ao caminho de menor resistência na evolução da economia do conhecimento não vai surgir automaticamente. Só se desenvolverá por meio de ação conjunta, tanto internacional quanto nacionalmente. Exige a participação das duas maiores potências atuais, em ações provocadas e modeladas por potências de nível médio que trabalham juntas, tanto diretamente quanto por intermédio das mais importantes coalizões de Estados semelhantes.

Governar o mundo sem governo mundial

UM SEGUNDO MOMENTO: COMPREENDENDO OS INTERESSES VITAIS DE SEGURANÇA DAS GRANDES E DAS MENORES POTÊNCIAS

Contra o plano de fundo de iniciativas como as duas que acabo de descrever, envolvendo as grandes potências ao lado de potências de nível médio e coalizões dos que querem, torna-se possível avançar a um segundo e decisivo momento na construção de uma *entente* destinada a fazer com que a atual rivalidade entre grandes potências seja menos perigosa. As iniciativas diplomáticas a serem tomadas por aqueles que têm a vontade e são capazes, entre o elenco de Estados soberanos e personagens internacionais que descrevi antes, tornariam explícita a lógica prefigurada por essas ações iniciais.

Mediante sucessão de encontros bilaterais e multilaterais, de consultas formais e informais, os participantes que assim querem – todos eles potências de nível médio ou coalizões dos que querem – começariam a realizar o trabalho principal da *entente*: identificar os interesses de segurança vitais das grandes potências e, secundariamente, das potências menores que participam desse esforço. A *entente* não seria, em primeira instância, empreendimento dos Estados Unidos e da China. Seria projeto de outros países e organizações, como as que listei antes, no que concerne à rivalidade entre os Estados Unidos e a China.

A preocupação inicial deve ser desenvolver entendimento compartilhado – tão compartilhado quanto possível – dos dois grandes Estados cuja rivalidade tanto ameaça o restante do mundo, bem como os interesses de segurança de cada um dos demais Estados que participam, diretamente ou mediante coalizões de Estados semelhantes, na construção da *entente*. Os interesses de segurança das grandes potências seriam soberanos em relação aos das potências emergentes de nível médio pela razão direta e prática de que sua violação corre o risco de propiciar um *casus belli* que pode derrubar todo o edifício da paz e da ordem mundiais.

Não obstante, a elaboração pormenorizada de acomodações entre os interesses de segurança das grandes potências provavelmente apresentará oportunidades para proteger, também, alguns dos interesses de segurança de um amplo conjunto de países de nível médio. É provável que se faça isso ou porque os interesses de segurança desses países coincidem com os das grandes potências, ou simplesmente porque os termos da acomodação amenizam os perigos de beligerância em sua região do mundo. E essas oportunidades são as que mais provavelmente surgirão se o primeiro momento de construção da *entente* – a multiplicação de iniciativas destinadas a criar determinados bens públicos globais – já avançou em direção ao alinhamento dos interesses das grandes potências com os das potências menores.

UM TERCEIRO MOMENTO: EXPLORANDO OS MEIOS MAIS PROMISSORES PARA CONCILIAR OS INTERESSES DE SEGURANÇA DAS GRANDES POTÊNCIAS ACOMODANDO-OS AOS INTERESSES DE SEGURANÇA DAS POTÊNCIAS MENORES

O trabalho seguinte da *entente* é propor diretrizes que permitam conciliar esses interesses. Nesse trabalho, é útil separar, e postergar, as questões mais recalcitrantes, com a intenção de tratar delas em momento ulterior. Exemplos de questões relativamente menos espinhosas são as que têm a ver com as operações de empresas americanas na China e de empresas chinesas nos Estados Unidos e em países sobre os quais os Estados Unidos exercem influência – por exemplo, a presença de empresas americanas de alta tecnologia na China, a listagem de ADRs chinesas na Bolsa de Valores de Nova York e as atividades das companhias chinesas que se propõem a vender produtos e serviços avançados (como os relacionados com 5G) a aliados dos Estados Unidos; a identificação de tecnologias que estão e não estão abertas a comércio e concorrência ao invés de fechadas e reservadas sob restrições de segurança nacional; a expansão e a regulação de intercâmbio acadêmico e científico entre a China e os Estados Unidos; o desenvolvimento de uma posição compartilhada no que concerne à proliferação nuclear; a especificação de protocolos para evitar confrontação militar, especialmente naval, na região indo-pacífica e confrontos aéreos e espaciais onde quer que seja; e o esforço de desenvolver formas de assistência a países em desenvolvimento

UM QUARTO MOMENTO: ENFRENTANDO OS ASPECTOS MAIS PROBLEMÁTICOS DA RIVALIDADE ENTRE AS GRANDES POTÊNCIAS

nas quais tanto os Estados Unidos quanto a China podem participar juntamente com potências de nível médio.

Num quarto momento, a *entente*, como obra em andamento, começaria a abordar os aspectos mais delicados e refratários da rivalidade de grandes potências entre os Estados Unidos e a China. Uma forma simples de apresentá-los é identificar o que cada uma das duas grandes potências, sob a instigação dos outros Estados participantes, precisa mudar no modo como aborda sua relação com a outra, para assegurar os objetivos fundamentais da *entente*.

A primeira e mais fundamental mudança que se requer na abordagem americana a essa rivalidade é o abandono das tentativas de suprimir a ascensão da China, especialmente inibindo seu avanço tecnológico, exceto na medida em que resultem da proteção de ativos de segurança nacional sob a prática e o direito internacional estabelecidos. Essas tentativas, embora características das rivalidades entre grandes potências, são tanto inócuas quanto perigosas.

A segunda mudança, quase tão básica e multidimensional quanto a primeira, é que os Estados Unidos evitem iniciativas destinadas a impedir que a China exerça grande influência em sua própria região. No entanto, persuadir os Estados Unidos a desistir de seus esforços por restringir a China e cercá-la de forças opositoras em sua própria região seria contradizer o que foi durante duzentos anos um dos dois princípios fundamentais da política exterior americana: a de que os Estados Unidos atuarão para evitar que qualquer potência consolide sua hegemonia numa região do mundo numa medida tal que essa predominância regional possa se tornar uma base para a busca de um poder global. Um exemplo disso é a organização da Quad, a aliança geopolítica dos Estados Unidos com o Japão, a Índia e a Austrália, destinada a servir de contrapeso à China no Leste da Ásia e em toda a região do oceano Indo-Pacífico.

A China, de sua parte, teria de abrir mão de muito que ela tem como prerrogativa, para que a *entente* ultrapasse seus estágios iniciais. Seu isolamento é tão grande, desprovido como é da companhia de quase qualquer amigo ou aliado, que seus líderes teriam de se dispor a uma reavaliação fundamental do modo como a China se relaciona com o resto do mundo.

Primeiro, a China teria de reconhecer que ela é responsável pela coprodução de bens públicos globais juntamente com muitos outros Estados, no sistema de Estados. Teria de parar de negar suas responsabilidades e de ocultar suas falhas em cumpri-las por trás da cortina de uma concepção absolutista e primitiva de soberania de Estado.

Segundo, precisaria resistir à tentação à qual sucumbiu recentemente, após ter posto de lado sua autoapresentação anterior como país em desenvolvimento como os outros, de levar a sério a ideia de um G2 – o condomínio do mundo junto com a superpotência americana. Não é apenas uma questão de linguagem: a reivindicação de um império conjunto impede a China de compartilhar mais plenamente, lado a lado com um grupo mais amplo de países, o desenvolvimento de disposições para governança global sem governo mundial.

Terceiro, na legítima busca de reunificação, a China teria de interromper sua tentativa de alcançar pela força seu objetivo contra a vontade da maioria da população da parte dela separada. Esta conclusão aplica-se diretamente a Taiwan. Qualquer tentativa de incorporar coercitivamente Taiwan à República Popular adiaria indefinidamente os esforços por construir a *entente*. Levaria a China e os Estados Unidos à beira da guerra. O mesmo princípio aplica-se ao modo como trata as nações não Han na República Popular. A supressão violenta de diferenças na cultura nacional exemplificada pela sinização compulsória dos uigures e de outros grupos não Han nega à China a força de uma coesão alcançada mediante a multiplicação de formas de ação coletiva que prospera na diferença e não na mesmice. E repele parceiros potenciais da China no mundo.

Quarto, a China precisa ser capaz de reconfigurar sua vida política na medida necessária para permitir um debate aberto sobre a relação entre sua vida nacional e sua política exterior. Não pode permanecer na posição de ser um poder revisionista sem ter agenda revisionista para a reconfiguração da ordem mundial. Não pode ter essa agenda sem envolver seu povo numa discussão contínua de seu rumo nacional e de seu lugar no mundo. A ampliação de oportunidades para ser rica mediante atividade empreendedora não substitui debate nacional. Essa ausência de uma conversa estorva a China e torna a rivalidade entre as grandes potências mais assimétrica do que precisa ser. Reconhecer esse fato não significa que a China precisa escolher entre a ditadura de uma camarilha de engenheiros desprovidos de imaginação e a imitação das instituições políticas das democracias ocidentais.

UM QUINTO MOMENTO: EM DIREÇÃO A GARANTIAS RECÍPROCAS DOS INTERESSES DE SEGURANÇA VITAIS DAS GRANDES E PEQUENAS POTÊNCIAS

O quinto momento na construção da *entente* é um momento no qual essa construção política ganha autoridade e força para implementar seus objetivos. A lógica da *entente* é que as duas grandes potências e as potências menores que dela participam, agindo como Estados soberanos ou mediante a instrumentalidade de coalizões dos que querem, assegurem uma à outra a defesa de seus interesses de segurança vitais definidos no segundo momento da iniciativa.

Qualquer potência estaria, no fim, livre para seguir seu próprio caminho, em desafio a um consenso entre as outras potências. Enfrentaria, porém, um mecanismo corretivo natural: um desafio a essa informal coalizão dos que querem levaria os outros membros da coalizão a se aproximarem mais, isolando a potência desafiadora e obrigando-a a enfrentar sozinha ameaças a sua segurança. Em muitas ocasiões, poderia não haver consenso; em outras, um consenso que seria desafiado. Mas cada confronto com crise supriria uma oportunidade de estreitar a rede de envolvimentos recíprocos entre os dois grandes Estados e entre eles e as potências menores.

É importante ser claro quanto ao que significam tais garantias recíprocas, para que não seja interpretado como uma falsa promessa de entregar mais ou menos do que se pode prometer. No início, ele só poderia contar com uma diplomacia desarmada, incrementada por seja qual autoridade fluir do consenso que ele terá se esforçado por desenvolver. Qualquer Estado, inclusive qualquer das duas grandes potências, que desrespeitasse esses entendimentos compartilhados tornar-se-ia objeto de uma igualmente compartilhada apreensão. Arriscaria provocar união de forças para contê-lo.

Depois, a *entente* poderia patrocinar operações armadas para manter a paz. Para esse propósito, poderia trabalhar por meio, e não fora, dos procedimentos do Conselho de Segurança, elaborando consenso ao qual nenhum dos membros do Conselho com direito a veto se oporia, mas o qual, no cenário paralisado do Conselho, teria dificuldade para desenvolver. Só muito mais tarde a *entente* poderia esperar se basear em força armada para implementar a garantia recíproca dos interesses de segurança vitais reconhecidos pelas grandes e pequenas potências.

A relação de tal projeto com o sistema de segurança das Nações Unidas é tema para reflexão. O trabalho da *entente* serve como modelo para reforma radical do Conselho de Segurança, caso em que a *entente* não teria mais razão de existir. Ou a *entente*, progressivamente institucionalizada, poderia substituir o Conselho, se a reforma do Conselho se mostrasse impossível.

O líquido antes do sólido: entendimentos antes de compromissos, e compromissos antes de tratados e instituições internacionais. Os estadistas que com concertos entre Estados sempre compreenderam e implementaram a necessidade de avançar seguindo essa sequência. Agora não é diferente. Governar o uso das forças armadas pelas grandes potências pode parecer tarefa para tolo, e talvez seja. Mas nenhuma outra meta da cooperação entre Estados merece mais atenção.

RELACIONANDO COALIZÕES DE ESTADOS COM A ORDEM E O DIREITO ESTABELECIDOS

O SIGNIFICADO DAS PROPOSTAS PARA O FUTURO DO SISTEMA DAS NAÇÕES UNIDAS

Como na tentativa de governar o uso das forças armadas, e como em tudo o mais, as consequências para as Nações Unidas desse caminho em direção à governança global são indeterminadas. É um caminho que tem de começar fora da ONU, dadas as restrições paralisantes que o sistema da ONU, em sua forma atual, impõe à produção de bens públicos globais. Contudo, o caminho pode continuar mais tarde dentro daquele sistema. Tudo isso depende da medida em que a Organização das Nações Unidas responda, reinventado a si mesma, às iniciativas tomadas além de suas fronteiras. Se ela falhar nisso, será contornada e marginalizada. Se tomar a provocação como uma oportunidade, pode gradualmente mudar a si mesma e tornar-se parte vital dos novos acertos para a governança global. Considere três estágios nos quais essa mudança vivificante, inspirada no progresso das coalizões dos que querem, poderia ocorrer.

No primeiro estágio, as Nações Unidas desenvolveriam sua prática mais exitosa: a de servir como base para coalizões de propósito específico. Sua prioridade seria a de prover um contexto para as coalizões que lidam com problemas reconhecidos de âmbito mundial, como a supressão do tráfico de pessoas e o combate à mudança climática catastrófica. Não se requer uma mudança radical na arquitetura ou na prática das Nações Unidas para que ela assim proceda: sua única e maior realização, os encontros mundiais da "Conferência das Partes" sobre o clima que resultaram nos acordos de Paris e de Glasgow, já teve lugar sob a égide dessa organização.

No segundo estágio, as Nações Unidas emendariam suas disposições constitucionais para criar, ao lado da Assembleia Geral e do Conselho de Segurança, um Conselho de Regiões e um Conselho de Organizações Interestados (como o G-7, o G-20 e o Brics). O principal trabalho desses conselhos gêmeos seria desenvolver as implicações para a governança global das iniciativas empreendidas pelas coalizões que eles representam.

No terceiro estágio, o Conselho de Segurança seria reformado, em direção à coalizão informal dos que querem que descrevi por último, como um instrumento para a garantia recíproca de interesses de segurança vitais das potências maiores e menores. Em vez de lidar somente com uma crise de segurança internacional após outra, ele trabalharia para acertos que garantissem segurança mútua e abrangente.

Para que essa mudança progrida, a prerrogativa de veto teria de ser substituída por uma regra de votação que se baseasse em supermaiorias. E a composição do Conselho não poderia mais apadrinhar os reais ou supostos vencedores da Segunda Guerra Mundial. Dadas as realidades atuais, apenas duas potências – os Estados Unidos e a China – teriam assento permanente; os outros seriam nomeados em cada termo pelo Conselho das Regiões e confirmados pela Assembleia Geral.

COALIZÕES DOS QUE QUEREM E O DESENVOLVIMENTO DE UM DIREITO INTERNACIONAL PÚBLICO COMUM

Realismo político anima essas propostas: imaginando o possível adjacente – os próximos passos na governança global que nos habilitem a chegar lá partindo daqui. Ao refletir sobre ordem e anarquia, aqueles que se têm na conta de realistas frequentemente descartam, como ilusórios, apelos ao direito internacional público comum, um conjunto de regras básicas ou padrão que não podem ser reduzidas às barganhas que Estados fazem entre si.

Governar o mundo sem governo mundial

Esses pretensos realistas estão enganados: a interação entre os acordos bilaterais ou multilaterais de Estados e as regras – que evoluem como plano de fundo – aplicáveis a todos os Estados é uma fonte de ordem mundial que nenhuma proposta para governança global ousa desconsiderar. Sem ela, nenhum plano de governança global pode funcionar, nem que seja só porque os acordos mais importantes entre Estados estariam, como todos os contratos contínuos, relacionais, incompletos. Não serão promessas de trocar desempenhos instantâneos; serão planos para realizar, com o tempo, objetivos compartilhados. Contratos incompletos pressupõem um fundo de regras-padrão: na sociedade internacional essas regras formam o direito comum dos Estados. O aprofundamento cumulativo de vínculos entre os Estados, alcançado mediante o trabalho de coalizões dos que querem, tem de ter esse direito comum de Estados como contrapartida e plano de fundo.

Veja coalizões como redes. Quando começam a se entrecruzar em sua composição de membros e em sua preocupação, e chegam a entendimentos ou tomam iniciativas que têm de ser conciliadas com o que fazem outras coalizões, elas produzem algo que é mais do que contrato, porém menos do que direito: poderíamos chamá-lo de protodireito. Quando entendimentos e regras desenvolvidos em algumas dessas redes são ecoados por regras e entendimentos gerados em muitas outras, o protodireito começa a se tornar direito: não um direito imposto por governo mundial, mas direito criado de baixo para cima pela sociedade de Estados e de nações. Sob essa concepção, o direito internacional público comum representa o resíduo generalizado e depois cristalizado do protodireito produzido por coalizões dos que querem.

Essa tradução vital de protodireito em direito precisa de agentes. Alguns já estão disponíveis. Um deles é o Tribunal Internacional de Justiça, cuja jurisdição tem de se tornar, com o tempo, obrigatória e não voluntária. O outro é a Academia de Direito Internacional Público em Haia, a qual, com o apoio e o envolvimento das principais escolas de direito em todo o mundo, assumiria a tarefa de organizar, interpretar e desenvolver o corpo doutrinário do direito internacional público comum. Um terceiro agente – e o mais importante – são os tribunais superiores e os juristas dos próprios Estados, instigados pelas exigências da globalização e pelo funcionamento das coalizões regionais mais desenvolvidas (a União Europeia a primeira entre elas) para construir ponte entre o direito nacional e o supranacional.

GOVERNANÇA GLOBAL SEM UM TOMADOR DE DECISÕES DE ÚLTIMA INSTÂNCIA

Uma proposta para desenvolver governança global mediante interação entre coalizões dos que querem e o direito internacional público comum suscita a questão: quem decide quando colidem as implicações de diferentes coalizões dos que querem para a ordem mundial? A resposta é: ninguém. A ideia de uma hierarquia de instituições e cargos políticos e jurídicos, investindo o mais alto escalão de detentores de cargos com a autoridade de tomar decisões de última instância, extrapola para uma sociedade internacional que não tem nem quer ter governo mundial, um princípio institucional ancorado na vida interna de Estados soberanos. A tentativa de dar resposta convencional a essa indagação convencional na formulação de propostas para governança global é invariavelmente um sinal de confusão ou equívoco por parte dos que não conseguem reconhecer que tais propostas representam um primeiro passo a um Estado universal.

Essa tese não implica, contudo, que uma ordem mundial que dispense um julgador de última instância não possa resolver seus conflitos e contradições por meio de dispositivos que fortaleçam seu plano de governança global. Ela pode – e deve. A melhor maneira de fazer isso no caso de coalizões dos que querem que veem suas iniciativas colidirem é estabelecer comissões de conciliação, em analogia com a conciliação legislativa em democracias que têm legislaturas bicamerais.

Com o tempo, esse trabalho de construir convergências de entendimentos, disposições e regras pode fornecer material para o desenvolvimento de um direito internacional público comum. E as Nações Unidas, ressuscitando somente como um contexto para essas associações entre Estados, podem agilizar e aprofundar o processo mediante o trabalho dos novos conselhos gêmeos que anteriormente descrevi. A governança global pode então avançar, aos trancos e barrancos, apesar de discordâncias e complicações, e sem a funesta muleta de ordem e hierarquia imperiais.

GROTIUS RENOVADO

Ao relembrar as diretrizes principais dessa agenda, pode ser útil compará-las com outro projeto de ordem mundial, formulado nos primeiros tempos do sistema moderno de Estados, como se desenvolveu na Europa: o pensamento de Hugo Grotius. Há quatro elementos no esquema visionário, porém prático, de Grotius para a produção de bens públicos globais: a ideia de sociedade internacional como uma sociedade de Estados soberanos; o direito criado por tratados como elemento contratual na ordem mundial; direito internacional público comum como componente pré e pós-contratual nessa ordem; e o direito natural como guia do que, não fosse isso, seria um sistema de Estados sem inspiração ou rumo.

Minha argumentação aqui reinterpreta, às vezes radicalmente, cada uma dessas três primeiras partes do sistema de Grotius e substitui a quarta. A divisão da humanidade em Estados soberanos é mais do que um fato bruto. É a expressão de uma verdade profunda: a de que a humanidade desenvolve seus poderes ao desenvolvê-los de formas divergentes e só pode ser unificada se lhe for permitido divergir. Tratados entre Estados representam um fragmento do que Estados podem fazer atuando juntos nas distintas formas abordadas em minha discussão das coalizões dos que querem. O direito internacional público comum é menos um legado do que uma profecia; pode extrair sua matéria-prima de todas as coalizões dos que querem e tornar explícitas as implicações mais amplas dessa sua matéria-prima para o futuro da humanidade.

Aqui, no entanto, a ideia de Grotius, formulada no início da era moderna, de direito natural dá lugar a um ideal moral e político que hoje desfruta de inigualável apelo: a ideia do empoderamento da pessoa como agente – do potencial de todo homem e toda mulher de se erguer e viver uma vida maior e de tornar-se mais humano ao se tornar mais divino; e viver de tal modo que ele – ou ela – morra só uma vez. Sabemos, por experiência, que não podemos desenvolver esse poder de atuar como indivíduos, a menos que também o exerçamos como povos, organizados sob a égide de Estados. Para esse fim, buscamos um mundo que não precise de governo mundial para governar a si mesmo.

O CONTEXTO METODOLÓGICO, POLÍTICO E FILOSÓFICO DESSAS PROPOSTAS

PRESSUPOSTOS DO ARGUMENTO: QUAL É A MANEIRA MAIS ÚTIL DE PENSAR SOBRE AS RELAÇÕES ENTRE ESTADOS?

Três grupos de suposições informam essas propostas. Dizem respeito à maneira de pensar sobre as relações entre Estados, ao significado da cooperação entre Estados para a rivalidade entre grandes potências e às restrições que uma preocupação com direitos humanos pode – e deve – impor a tais acertos de colaboração.

No pensamento e na ação de estadistas práticos desde a última década do século XVIII, houve três modos principais de abordar as relações entre Estados: a metternichiana, a wilsoniana e a bismarckiana.

A tradição metternichiana tem a ordem como seu compromisso orientador e o concerto de grandes potências contra ameaças de subversão como seu método preferido. Ao transformar vantagem atual em direito adquirido, ela busca barrar os portões a um levante nacional e popular. Seu lema é estabilidade e legitimidade. Seu inimigo mais próximo é a revolução (malgrado tentativas de historiadores revisionistas de apresentar o príncipe demofóbico como ordoliberal *avant la lettre*). Seu inimigo derradeiro é o tempo, que transforma toda construção política em pó.

O objetivo que define a tradição wilsoniana (não confundir com o décimo quarto dos quatorze pontos de Wilson) é universalizar a autodeterminação nacional, que ela considera instrumento para a propagação de valores e instituições estreitamente identificados com as grandes potências – ou a grande potência – que dão suporte ao sistema de Estados. Ela favorece o pluralismo de poder por meio de seu compromisso com a autodeterminação nacional. Mas não reconhece qualquer incompatibilidade entre esse pluralismo e seu esforço por propagar as instituições e os ideais das potências – ou potência – que a patrocinam ou satisfazer-lhes os interesses. Seus principais instrumentos são o direito internacional e as organizações internacionais, suplementados por guerras que são também cruzadas ideológicas. Em sua forma predominante, seu programa depende do feliz acaso de uma coincidência entre poder e direito: a ascensão dos Estados Unidos à condição de potência mundial é o fato providencial sobre o qual se baseia sua argumentação. Ela é, portanto, incapaz de admitir qualquer contradição entre a defesa de seu poder e os interesses da humanidade.

A preocupação dominante da tradição bismarckiana é evitar a consolidação de tal hegemonia, especialmente sua consolidação mediante guerra. Ela quer impedir qualquer grande potência de deixar outras ao relento, ou de obrigá-las a escolher entre guerra e rendição. Abstraída de seu contexto histórico, define-se por sua adesão a uma pluralidade de centros de poder e por seu ceticismo quanto à associação entre poder e ideologia. Para alcançar seus fins, ela busca levar as potências maiores e as menores a entendimentos compartilhados e práticas de ação conjunta. Seu método preferido é se concentrar em iniciativas que ficam numa zona intermediária entre a força (exercida mediante guerra ou ameaça de guerra) e o direito (ancorado em ideologia). Dessa fixação no terreno intermediário resulta uma de suas maiores forças: sua abertura a correção à luz da experiência e de mudança de circunstância.

Minha argumentação baseia-se neste terceiro, bismarckiano, modo de pensar, só que resgatado de seu cenário original de autocratas irresponsáveis, protocolos secretos e ambições territoriais. As coalizões dos que querem que eu descrevi são a forma que seus dispositivos preferidos de *ententes* informais e entendimentos compartilhados tomariam hoje em dia. E sua ideia de múltiplos centros e fontes de poder só pode ser sustentada e tornada fértil hoje por ordem internacional que habilite Estados soberanos a descobrir, mediante experimentalismo colaborativo, a melhor maneira de alcançar o que não podem alcançar sozinhos. Por meio disso, países permanecem ou tornam-se diferentes – mais diferentes – uns dos outros trabalhando juntos mais estreitamente. Um pluralismo de poder no mundo é tanto consequência como condição dessa prática experimental. De seus praticantes em seus países não se dirá, como se disse de Bismarck, que ele deixou a Alemanha grande e os alemães pequenos.

PRESSUPOSTOS DO ARGUMENTO: COMO AS FORMAS DE COOPERAÇÃO DE ESTADO AQUI PROPOSTAS SE RELACIONAM COM A RIVALIDADE ENTRE GRANDES POTÊNCIAS?

Nenhuma proposta para o desenvolvimento de governança global é realista se não levar em conta a rivalidade entre grandes potências. Da rivalidade surge o perigo de guerra mundial. Evitá-la é mais importante do que qualquer outro bem público global.

Hoje, a disputa entre grandes potências assume uma forma específica: a rivalidade entre os Estados Unidos (e seus aliados) e a China. Não basta relacionar as propostas deste ensaio ao fenômeno genérico e recorrente que é a luta entre um poder estabelecido e um poder emergente; é preciso ser claro quanto à relação destas propostas com a disputa entre as duas grandes potências do mundo hoje em dia.

O programa de governança global aqui delineado tem três conjuntos de implicações para essa disputa. A primeira e mais direta implicação tem a ver com a proposta da única forma de coalizão de Estados que descrevi como *entente*. O papel dessa *entente* seria fazer o que o Conselho de Segurança das Nações Unidas provou ser incapaz de fazer, em virtude de sua composição e das regras de votação: explorar o entendimento por parte de cada grande potência de seus interesses vitais de segurança e trabalhar para assegurá-los, na medida em que são legítimos e compatíveis com o direito internacional, e suscetíveis de conciliação com os interesses vitais de segurança de seu rival. Por sua natureza, tal *entente* tem de envolver as grandes potências, inclusive os dois maiores rivais de hoje. No entanto, nela, a voz e a iniciativa predominantes caberiam às potências de nível médio.

No início de sua evolução ela só teria a diplomacia como método, mais tarde missões armadas para a manutenção da paz e, somente muito depois, em futuro incerto, forças armadas. Sua relação com o Conselho de Segurança é questão para o futuro; pode prover um modelo para um Conselho de Segurança reformado, não mais modelado à luz do mundo que emergiu após a Segunda Guerra Mundial. Se ele exercesse tal influência exemplar, tornar-se-ia supérfluo e cessaria de existir. Qualquer potência pode agir em desafio ao consenso da *entente*. Ao fazer isso, contudo, arrisca instigar as potências de nível médio que conduzem a *entente* a se unirem mais contra as ameaças que a potência desafiadora representa para a paz mundial – uma instância do modo de pensar bismarckiano, revisado, em ação.

A segunda maneira pela qual as propostas de coalizões dos que querem se relacionam com a rivalidade entre as grandes potências atuais é indireta, porém poderosa: todo arranjo que reúne um grande número de Estados num esforço por restringir o uso da força e evitar a ameaça de uma guerra mundial terá mais probabilidade de prevalecer e florescer num contexto no qual os Estados são experimentados em trabalhar juntos para resolver muitos problemas específicos que não são capazes de resolver sozinhos.

A terceira conexão destas propostas com a rivalidade entre as grandes potências que o mundo enfrenta agora é a mais significativa. Para compreendê-la, temos de ir além da imagem genérica de luta entre uma potência estabelecida e uma potência emergente e captar o que é distintivo na disputa entre os Estados Unidos e a China.

Nunca houve na história moderna uma grande potência tão desprovida de aliados e amigos como a China; ela não tem virtualmente nenhum. É pródiga em parceiros comerciais. Tenta comprar favores, assim como se beneficiar, mediante comércio. No entanto, apesar de suas impressionantes conquistas, nenhum Estado está autenticamente do seu lado, com a

Governar o mundo sem governo mundial

possível exceção da Coreia do Norte – um amigo problemático e pouco amigável –, o Paquistão – um aliado que não o seria não fosse seu medo da Índia – e o Camboja – um pobre Estado cliente: certamente não os países que se juntam a ela na Organização de Cooperação de Xangai, ou as que tomam seu dinheiro, sob condições leoninas, na Iniciativa do Cinturão e Rota. Esse isolamento, ao invés de dar alento a seus inimigos, deveria amedrontá-los: incita a sensação de estar cercado e os erros de cálculo que tão frequentemente levaram à guerra.

O sistema político autoritário da China e o medo de um conflito doméstico como prenúncio de anarquia e de fraqueza nacional inibem sua reforma interna. Eles a impedem de redefinir a base de seu crescimento econômico e associar o desenvolvimento nacional à criatividade individual. Fazem com que as conquistas supremas da engenhosidade tecnológica, como a inteligência artificial, sirvam como instrumentos de vigilância e controle e não como uma provocação ao povo chinês para que se sobreponha às máquinas no exercício da imaginação. Toda potência emergente tem sido uma potência revisionista. Mas a China é uma potência revisionista sem um programa revisionista, a não ser o poder nacional.

Quando nos voltamos para o rival da China, os Estados Unidos, constatamos solidão de outra ordem. O país é rico de aliados e admiradores, mesmo quando se distancia deles. Eles querem caminhar em sua companhia e frequentemente estão sob o feitiço de seu exemplo. No entanto, mesmo quando envolvidos em projetar "uma ordem internacional baseada em regras" e a organização que a encarnaria, o internacionalismo dos Estados Unidos permanece precário. Para compreender por quê, seria necessário reconhecer o núcleo racional na concha mística do excepcionalismo americano.

Em muitas dimensões diferentes, a república americana apresenta um extremo de características que suas contrapartes ricas no Atlântico Norte compartilham: a de ser a mais desigual, a mais inclinada a se considerar uma sociedade sem classes, a mais religiosa, aquela na qual apesar das tremendas restrições à mobilidade social as pessoas continuam sendo as mais inclinadas a acreditar que tudo é possível, e a mais suscetível ao culto de suas instituições. O povo americano foi sempre tentado a pensar que sua república descobriu na época da fundação a fórmula definitiva de uma sociedade livre. Outros países têm de adotar essa fórmula ou continuar a languescer na pobreza e no despotismo.

Iludidos pela idolatria às instituições americanas, estadistas americanos de todo tipo quase sempre se agarraram a dois princípios: o de que os Estados Unidos têm de impedir que qualquer Estado, em qualquer parte do mundo, consolide uma hegemonia regional tão absoluta que com base nela consiga hegemonia mundial; e que os Estados Unidos têm de usufruir de hegemonia incontestes no hemisfério ocidental.

Uma tal potência tem dificuldade para estar numa comunhão imaginativa até mesmo com as nações que lhe são mais próximas. E reluta em aceitar qualquer arranjo para uma governança global que não respeite sua reivindicação de ser *primus inter pares*.

O que deveria fazer o mundo com esses dois Gullivers incômodos e um tanto solipsistas – a China e os Estados Unidos? Deveriam fazer o que os liliputianos fizeram com o Gulliver original: amarrá-los com cordas. Essas cordas são as coalizões de propósito específico, as coalizões de Estados semelhantes e as coalizões regionais que descrevi. Deveriam ser tão numerosas, tão variadas e, acima de tudo, tão prestativas que os Gullivers sentir-se-ão mais empoderados do que restringidos. Uma vez estando esses dois Gullivers enredados nessa rede vantajosa de cooperação com outros Estados, o vinagre de sua beligerância recíproca pode transformar-se no vinho de uma competição pacífica e produtiva.

PRESSUPOSTOS DO ARGUMENTO: A COOPERAÇÃO ENTRE ESTADOS DEVERIA ESTAR CONDICIONADA AO RESPEITO A DIREITOS HUMANOS?

A rota para governança global sem governo mundial aqui proposta tem de avançar num mundo no qual muitos Estados – inclusive vários dos mais populosos e poderosos – são ditaduras que suprimem dissidentes e perseguem minorias, frequentemente em nome de unidade e desenvolvimento nacionais. Excluí-los das coalizões dos que querem descritas nestas páginas arrisca transformar programa para ordem mundial em projeto de uma parte do planeta contra a outra: o das democracias defeituosas (que são as únicas democracias que existem) contra as ditaduras nacionalistas. Esse eixo de divisão rapidamente tornar-se-ia mais um aspecto do conflito entre as duas superpotências de hoje. Para evitar tal resultado, teremos de renunciar para sempre a qualquer condicionalidade normativa no projeto da governança global?

Para refletir sobre esse problema, será proveitoso começar por abordar duas preliminares que, juntas, definem o espaço conceitual no qual se pode buscar uma solução: os motivos para valorizar a divisão da humanidade em Estados soberanos, em primeiro lugar, e o modo como (em contraste com a teoria política liberal clássica) poderíamos pensar na relação entre empoderamento coletivo e individual: o poder dos povos, organizados em Estados, para desenvolver formas de vida distintas e o poder de seus cidadãos individuais de se postarem sobre suas próprias pernas, com segurança e liberdade, numa luta organizada pelo futuro dessas formas de vida.

Os povos costumavam ser tribos, unidos por descendência comum e semelhança de experiência. Sua divisão em Estados separados está se tornando outra coisa: uma forma de especialização moral dentro do gênero humano. Não existe modo natural de organização da sociedade. A humanidade só desenvolve seus poderes se os desenvolver em direções diferentes e os expressar em instituições alternativas, informadas por concepções de como pode e deve ser a vida em sociedade.

Ao longo desse percurso das tribos às especializações morais, aconteceu algo que explica o que é mais distintivo, perigoso – e mal compreendido – no nacionalismo contemporâneo. As identidades coletivas dos povos costumavam estar incorporadas em seus costumes. Por serem tangíveis, essas identidades coletivas também eram porosas e suscetíveis de compromisso e concessão.

Mas agora os povos do mundo, organizados sob a proteção de Estados, imitam uns aos outros num esforço de descobrir o que os fará mais prósperos e poderosos. O velho e costumeiro conteúdo das identidades nacionais foi esvaziado e substituído por um desejo abstrato de ser diferente. Duas nações que vivem muito próximas uma da outra se odeiam não porque sejam diferentes, mas porque estão se tornando iguais e querem ser diferentes. A vontade abstrata da diferença, que surge enquanto a verdadeira diferença desaparece, é tóxica porque lida com coisas intangíveis. Não há o que conceder. E aqueles que estão encarregados de governar os Estados frequentemente acham que é de seu interesse incendiar essa fúria impotente.

Diante dessa mudança, o cosmopolitismo globalista quer conter a diferença nacional. O nacionalismo regressivo quer despertá-la e levá-la ao poder. Mas o que devemos querer não é nem contê-la nem despertá-la, e sim aparelhá-la. A diferença real, diferentemente do desejo frustrado de diferença, convida a compromisso e evolução, enriquecendo a diversidade do material do qual uma seleção competitiva, na economia, na política ou na cultura, pode selecionar suas escolhas.

Democracias de alta energia criam diferença ao facilitar experimentação em política: por exemplo, mediante a combinação de forte iniciativa central com delegação radical. Economias amplamente baseadas em conhecimento criam diferença reformulando a produção como prática de descoberta orientada para perpétua inovação. E as formas de cooperação de Estado que explorei nestas páginas estão duplamente relacionadas com a criação da diferença: servem como sítios para experimentos nacionais que não podem ser totalmente realizados dentro de fronteiras nacionais, e asseguram a provisão de bens globais, como evitar a guerra e a mudança climática destrutiva, sem os quais experimentos nacionais têm pouca probabilidade de sucesso. Permitem que os Estados colaborem, ao invés de divergir.

Essa reinterpretação da ideia nacional leva, por sua vez, à discussão de direitos humanos como restrição à condição de membro em coalizões de Estados. Enquanto o pensamento mais influente sobre direitos humanos ocorre com base nos princípios da teoria política liberal, é necessário começar dizendo que deveríamos rejeitar um modo de pensar que se baseie nesses princípios e tirar as consequências dessa rejeição para nosso entendimento das coalizões de Estados.

O primeiro erro é aderir à clássica concepção liberal de uma estrutura impessoal de direitos que é neutra no embate entre concepções sectárias do bem. Não existe tal estrutura neutra de uma sociedade livre: toda ordem institucional inclina a balança, estimulando certas formas de vida e desencorajando outras. A falsa ideia de neutralidade serve apenas para entrincheirar uma determinada ordem contra ataques, outorgando-lhe um halo que ela não merece. Não obstante, essa falsa noção tem afinidade com uma ideia que é verdadeira e até mesmo indispensável: a concepção de uma ordem que está aberta a ampla gama de experiência diversa e contraditória, e que possui o precioso atributo da corrigibilidade.

O segundo erro é supor que uma sociedade livre tem uma única forma natural e necessária. O dogmatismo institucional da teoria política liberal clássica foi sua perdição. Longe de serem naturais e necessárias, as instituições que os pensadores liberais clássicos defenderam como intrínsecas a uma sociedade livre mostraram-se inibidoras do empoderamento de indivíduos e grupos nas atuais sociedades supostamente livres, cheias de formas de opressão tanto privadas como públicas.

Como os liberais e socialistas do século XIX, e não como os institucionalmente conservadores social-liberais e social-democratas de hoje, temos motivos para dar prioridade a uma mudança que seja institucional e estrutural, conquanto fragmentária. Assim, enfrentamos uma tarefa sem precedente: imaginar e implementar mudança estrutural sem sucumbir a dogmatismo estrutural.

O terceiro erro, que penetra quase todo pensamento convencional sobre direitos humanos, é oferecer apenas metade de uma teoria de liberdade e suas salvaguardas. A metade em oferta é a metade que consiste num abrigo de dotações de salvaguardas contra opressão e de meios de empoderamento. A metade que falta é a metade que consiste na tempestade de inovação e disrupção que pode grassar em torno dos agentes seguros e empoderados. Abrigamos o indivíduo para que ele possa prosperar na tempestade. A tempestade não surge espontaneamente. Ela precisa ser arranjada, na forma de instituições políticas e econômicas e práticas educacionais que submetem as práticas e arranjos estabelecidos a um desafio. Sem a tempestade, e sem o abrigo, ninguém é livre.

A concepção de direitos humanos à qual gostaríamos que a atividade cooperativa de Estados fosse condicionada deve ser compatível com a rejeição desses erros. Não deve tentar impor ao resto do mundo, em nome de liberdade de direitos humanos, as instituições políticas e econômicas dos países ricos do Atlântico Norte. Mas tampouco deve permitir um ataque à livre atuação de indivíduos – o direito de ser diferente na comunidade, na fé e na família, de expressar e disseminar ideias, de participar numa competição de forças políticas e sociais, de estar seguro contra qualquer forma de coação – política, econômica ou cultural subversiva daquele poder – a pretexto de inovação e divergência institucional.

A questão é de que maneira e em que momento a violação dessas condições deveria ser tida como incompatível com a participação nos diferentes tipos de coalizões de Estados discutidos nas páginas precedentes. Para uma coalizão de Estados semelhantes como o G-7, ou para uma coalizão regional como a União Europeia, que se beneficiam de ampla convergência entre seus membros em compromissos políticos, culturais e jurídicos, a condicionalidade normativa pode ser relativamente fácil de impor, apesar dos problemas que a ab-rogação de certos direitos e garantias por Estados da Europa oriental cria para a União. Mas, para coalizões de propósitos específicos que lidam com problemas em âmbito mundial como mudança climática, a aplicação inicial das condições seria autodestrutiva.

O resultado seria, por exemplo, excluir das coalizões de propósito específico que abordam a mudança climática o maior emissor de carbono no mundo: a China. Para a coalizão ou *entente* que trata do uso das forças armadas, a exclusão de qualquer das grandes potências seria igualmente absurda.

O motivo para ganhar tempo na imposição de condicionalidade normativa em coalizões de propósito específico que abordam problemas globais tem a ver com mais do que esses requisitos de eficácia a curto prazo. O debate sobre a relação entre empoderamento individual e coletivo esboçado nas

Governar o mundo sem governo mundial

páginas imediatamente precedentes ainda não se estabeleceu em lugar algum. Se o mundo, fora da região do Atlântico Norte e seus postos avançados, for obrigado a escolher entre cosmopolitismo globalista e nacionalismo regressivo, ele escolherá nacionalismo regressivo. E se for obrigado a escolher entre imitar as instituições que os países ricos do Atlântico Norte identificam com a causa da liberdade e sacrificar essa causa para não abraçar sua atual expressão institucional, ele sacrificará a causa.

Nosso objetivo tem de ser alcançar um pluralismo qualificado, não um pluralismo não qualificado, no projeto de governança global: um pluralismo qualificado pela exigência de que o empoderamento de povos e Estados do mundo tenha como contrapartida o empoderamento de seus cidadãos individuais para desafiar o poder, enquanto obedecem à lei, para reimaginar o futuro e para lutar, em pensamento e na prática, pelo futuro que imaginam. No entanto, ainda não se preencheram as condições para pôr um pluralismo qualificado no lugar de sua contrapartida não qualificada em todas as maneiras pelas quais os Estados podem trabalhar juntos. Não obstante, quanto mais trabalharem juntos, maior se torna a chance de que essas condições sejam satisfeitas no futuro.

Não é provável que o desenvolvimento de acertos para prover bens públicos globais por meio de iniciativas cooperativas de Estados soberanos traga paz perpétua ou liberdade universal. Entretanto, ajudará a abordar, um a um, os perigos que nos assombram. Permitirá que mais pessoas lidem com os problemas e as oportunidades de nosso mundo de mais maneiras. Ao permitir a muitos agir, dará a muitos razões para esperança.

Em www.leyabrasil.com.br você tem acesso a novidades e conteúdo exclusivo. Visite o site e faça seu cadastro!

A LeYa Brasil também está presente em:

facebook.com/leyabrasil

@leyabrasil

instagram.com/editoraleyabrasil

LeYa Brasil

Este livro foi composto nas fontes ABC Arizona Sans e Lyon Text, corpo 10pt, para a Editora LeYa Brasil.